utb 6173



**Eine Arbeitsgemeinschaft der Verlage**

Brill | Schöningh – Fink · Paderborn
Brill | Vandenhoeck & Ruprecht · Göttingen – Böhlau · Wien · Köln
Verlag Barbara Budrich · Opladen · Toronto
facultas · Wien
Haupt Verlag · Bern
Verlag Julius Klinkhardt · Bad Heilbrunn
Mohr Siebeck · Tübingen
Narr Francke Attempto Verlag – expert verlag · Tübingen
Psychiatrie Verlag · Köln
Ernst Reinhardt Verlag · München
transcript Verlag · Bielefeld
Verlag Eugen Ulmer · Stuttgart
UVK Verlag · München
Waxmann · Münster · New York
wbv Publikation · Bielefeld
Wochenschau Verlag · Frankfurt am Main

#fragdocheinfach
Alle Bände der Reihe finden Sie am Ende des Buches.

**Prof. Dr. Petra Jansen** ist Lehrstuhlinhaberin an der Fakultät für Humanwissenschaften an der Universität Regensburg. Schwerpunkte ihrer Forschungsarbeit sind die Verbindung von Motorik, Emotion und Kognition und die Rolle der Achtsamkeit bei verschiedenen psychologischen Outcomes.

Petra Jansen

# Achtsamkeit? Frag doch einfach!

Klare Antworten aus erster Hand

UVK Verlag · München

Umschlagabbildung und Kapiteleinstiegsseiten: © bgblue – iStock
Abbildungen im Innenteil: Figur, Lupe, Glühbirne: © Die Illustrationsagentur
Abbildung 1: © Blamb - shutterstock
Abbildung 3: privat
Autorinnenfoto: privat

Bibliografische Information der Deutschen Nationalbibliothek
Die Deutsche Nationalbibliothek verzeichnet diese Publikation in der Deutschen Nationalbibliografie; detaillierte bibliografische Daten sind im Internet über http://dnb.dnb.de abrufbar.

DOI: https://doi.org/10.36198/9783838561738


– Ein Unternehmen der Narr Francke Attempto Verlag GmbH + Co. KG
Dischingerweg 5 · D-72070 Tübingen



Internet: www.narr.de
eMail: info@narr.de

Einbandgestaltung: siegel konzeption | gestaltung
CPI books GmbH, Leck

utb-Nr. 6173
ISBN 978-3-8252-6173-3 (Print)
ISBN 978-3-8385-6173-8 (ePDF)
ISBN 978-3-8463-6173-3 (ePub)

MIX
Papier aus verantwortungsvollen Quellen
FSC® C083411

# Alle Fragen im Überblick

# Vorwort

„Du kannst die Wellen nicht stoppen,
aber du kannst lernen zu surfen."
Jon Kabat-Zinn

Dieses Zitat von Jon Kabat-Zinn, der vielleicht als der „Vater" der Achtsamkeitsbewegung im Westen angesehen werden kann und der Entwickler des MBSR-Kurses ist, ist wohl eines der bekanntesten Zitate zur Achtsamkeit. Es beschreibt eine Facette der Achtsamkeit, nämlich die der Akzeptanz, der Fähigkeit, die Dinge so zu nehmen, wie sie sind. Eine Grundvoraussetzung für diese Akzeptanz ist jedoch ein anderer wichtiger Aspekt der Achtsamkeit, nämlich die Fähigkeit im jetzigen Moment nichtwertend präsent zu sein. Wahrscheinlich hat Achtsamkeit in den letzten Jahren so viel Interesse auf sich gezogen, weil es uns zunehmend schwerfällt in unserer VUKA-Welt unsere Mitte zu wahren und den jetzigen Moment, so wie er ist, wahrzunehmen. Der Begriff VUCA (**V**olatility, **U**ncertainty, **C**omplexity and **A**mbiguity) beschreibt die Unbeständigkeit, die Unsicherheit, die Komplexität und die Ambiguität unserer heutigen (Arbeits)welt. Wir brauchen einen Kompass, der uns führt, und von vielen Menschen wird Achtsamkeit als ein solcher gesehen. Wenn wir im jetzigen Moment ganz präsent sind, dann können wir uns keine Gedanken über die Vergangenheit machen, und wir machen uns auch keine Sorgen um die Zukunft, die uns vielleicht in unserem Handeln lähmen würde. Wir nehmen wahr, was im Moment ist, und akzeptieren es. All das lehrt uns die Achtsamkeitspraxis und das ist es vielleicht auch, was viele Menschen anzieht: In einer immer unsicheren und komplexeren Welt einen Anker im jetzigen Moment zu finden.

Mich selbst fasziniert das Thema der Achtsamkeit auf einer wissenschaftlichen und praxisnahen Seite. Ich habe eine Achtsamkeitslehrerinnenausbildung bei Jack Kornfield und Tara Brach gemacht und wissenschaftlich zahlreiche Arbeiten, die sich mit den Effekten eines Achtsamkeitstrainings bei Kindern, im Sport oder auf das Bewusstsein beschäftigen, publiziert. Diese Erkenntnisse versuche ich in der Lehre umzusetzen. Jedoch steht die Wissenschaft bei vielen Themen rund um das Forschungsgebiet der Achtsamkeit noch am Anfang und der mediale Hype geht dem wissenschaftlichen voraus.

Ich schreibe dieses Buch für alle Menschen, die einen kurzen Einblick in das Thema der Achtsamkeit erhalten wollen und dazu Fragen haben, die hier beantwortet werden. Dabei habe ich das Buch so konzipiert, dass zunächst verschiedene Definitionen gegeben werden und auf die Lernmöglichkeiten von Achtsamkeit eingegangen wird. Dann beschreibe ich, wie Achtsamkeit sich im Verhalten zeigen kann, wie sie für den Erhalt der Gesundheit hilfreich sein kann, wie sie sich im Alltag integrieren lässt und wo sie in bestimmten Anwendungsfeldern eine Rolle spielen kann. Die nächsten beiden Kapitel beschäftigen sich mit der Achtsamkeit und ihrer Beziehung zu den beiden großen Themen unserer Zeit, der Nachhaltigkeit und der Digitalisierung. Abschließend gehe ich auf verwandte Konzepte zur Achtsamkeit ein und auch der Frage nach, ob denn Achtsamkeit ein Allheilmittel sein kann. Um es vorwegzunehmen: Nein! Achtsamkeit kann ein wichtiger Baustein zum inneren Frieden sein. Aber wir Menschen sind unterschiedlich, manche von uns finden diesen Frieden beim Wandern oder beim Lösen schwieriger mathematischer Gleichungen eher als in der Meditation.

Ich möchte Ihnen mit diesem Buch den Wert von Achtsamkeit in den verschiedensten Lebensbereichen aufzeigen, ohne die kritischen Stimmen zu unterschlagen. Allein Sie können für sich selbst entscheiden, ob Achtsamkeit für Sie bedeutungsvoll werden kann.

Wichtig vorab ist jedoch zu sagen, dass Achtsamkeit nicht dazu da ist, das eigene Ego aufzuplustern oder sich spirituell besser zu fühlen. Achtsamkeit ist **ein** Weg zur Erkenntnis, der richtig praktiziert mit Narzissmus nichts zu tun hat, sondern Sie zur Verbundenheit mit sich selbst und den anderen Menschen führen kann.

Kallmünz, im April 2024
Petra Jansen

## Danksagung

Ich bin meinen Kollegen und Kolleginnen am Lehrstuhl für Sportwissenschaft an der Universität Regensburg sehr dankbar. Wir diskutieren seit vielen Jahren über die Bedeutung der Achtsamkeit bezogen auf die unterschiedlichen Facetten des menschlichen Lebens und Verhaltens. Weiterhin gilt mein Dank den Studierenden des Studienganges *Motion and Mindfulness*, die vieles kritisch hinterfragt haben und sich manchmal viel mehr Praxisnähe gewünscht hätten.

Besonders danke ich auch Dr. Florian Seidl, MBSR-Lehrer und Gründer der Regensburger Schule für Achtsamkeit, und Luca Hoyer für die kritische Durchsicht des Manuskriptes.

**Gender-Hinweis** | Bei Personenbezeichnungen im Plural habe ich versucht, möglichst die männliche und weibliche Bezeichnung zu erwähnen. Wenn es in Beispielen sinnvoller war, nur eine Form zu nutzen, habe ich versucht, das abzuwechseln.

# Was die verwendeten Symbole bedeuten

Toni verrät spannende Literaturtipps, Videos und Blogs im World Wide Web.

Die Glühbirne zeigt eine Schlüsselfrage an, deren Antwort unbedingt lesenswert ist.

Die Lupe weist auf eine Expert:innenfrage hin. Hier geht die Antwort ziemlich in die Tiefe. Sie richtet sich an alle, die es ganz genau wissen wollen.

→ Wichtige Begriffe sind mit einem Pfeil gekennzeichnet und werden im Glossar erklärt.

↠ Der Pfeil mit der doppelten Spitze verweist auf weiterführende Fragen zu diesem Thema.

## Zahlen und Fakten über Achtsamkeit

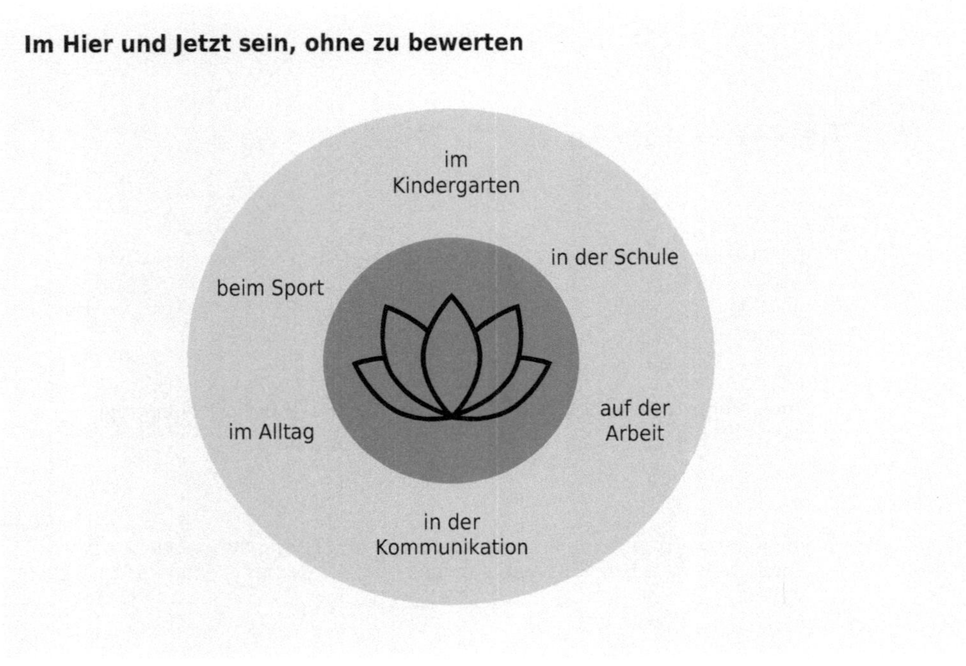


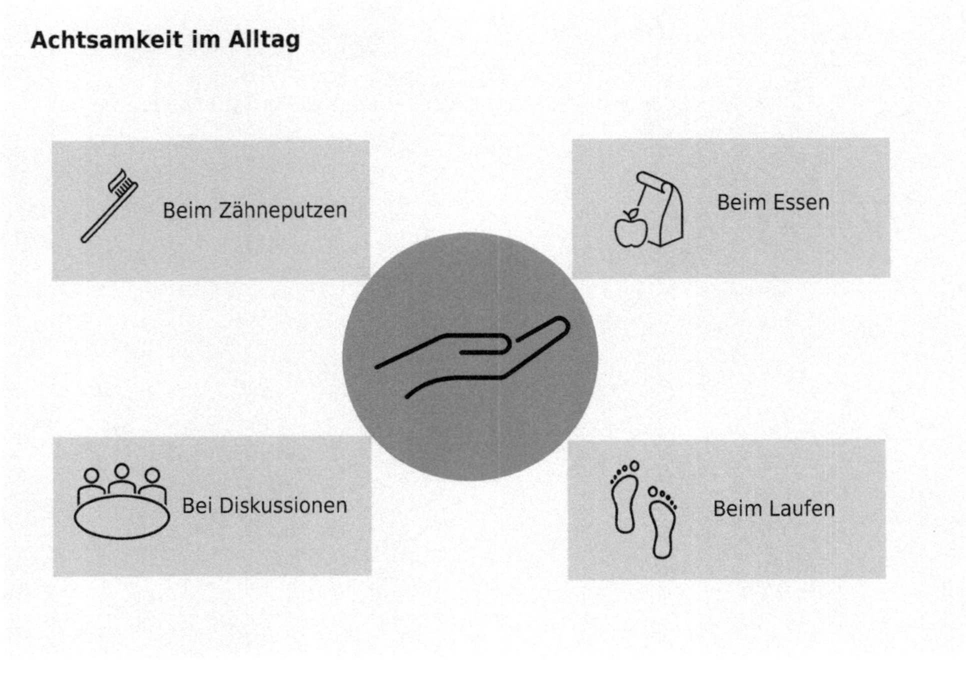

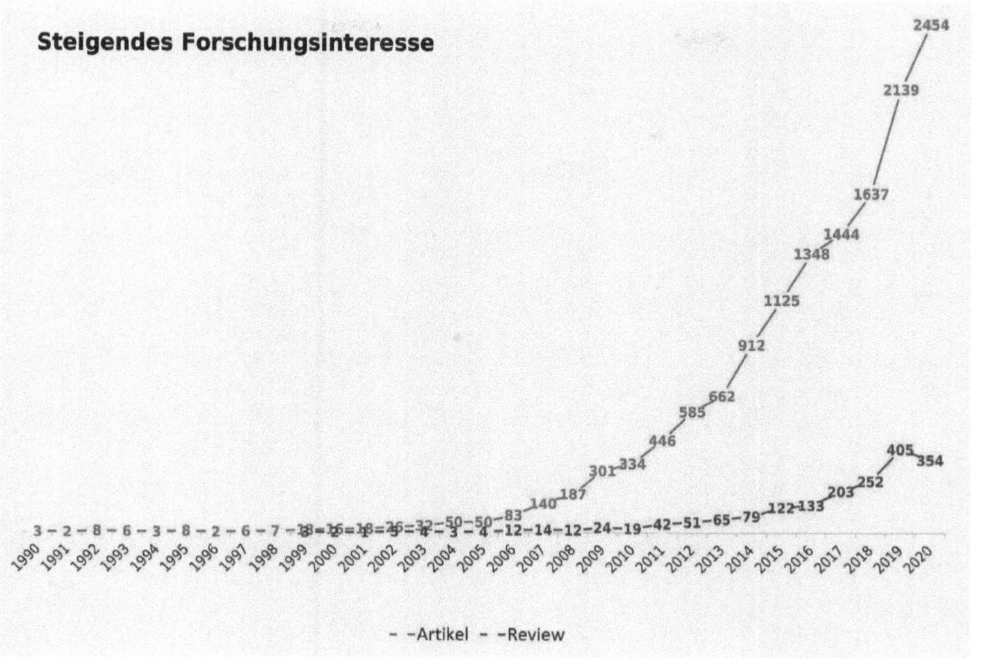


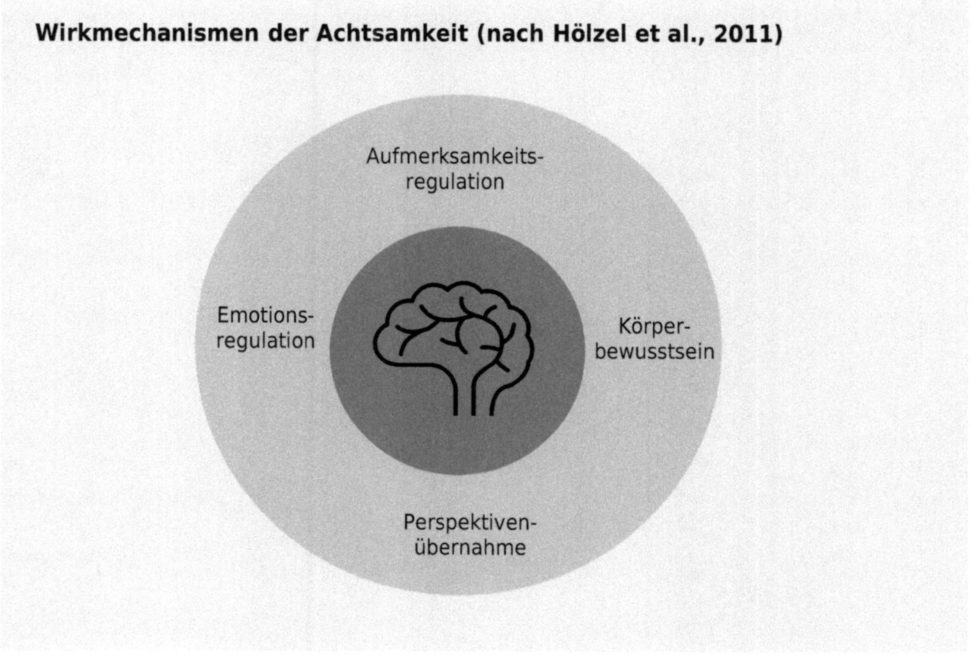


Datenquelle der oberen Grafik: Baminiwatta, A., Solangaarachchi, I. (2021). Trends and Developments in mindfulness research over 55 Years: a Bibliometric Analysis of Publications Indexed in Web of Science. Mindfulness, 12, 2101, https://doi.org/10.1007/s12671-021-01681-x

# Achtsamkeit: Begriffsbestimmung und Verortung

Viele Menschen kennen den Begriff der Achtsamkeit. Dabei ist oft unklar, was Achtsamkeit genau ist. Dieses Kapitel soll grundlegenden Fragen zur Achtsamkeit nachgehen und klären, welche allgemeingültige Definition es gibt und wo die historischen Grundlagen der Achtsamkeit liegen.

## Was bedeutet Achtsamkeit?

Achtsamkeit ist kein neuer Begriff, sondern im Buddhismus seit mindestens 2500 Jahren bekannt. Im Theravada-Buddhismus findet man in der Sprache Pali mit dem Begriff *sati* den ersten Hinweis auf den Begriff der Achtsamkeit. Das Wort *sati* stammt ursprünglich aus dem Verb *sarati,* sich erinnern. Es beschreibt eine Erfahrung und weniger eine reine Erinnerung, mehr das Wahrnehmen des Augenblickes mit der Erinnerung an das, was der Buddha lehrte. Im Buddhismus ist *sati* ein Aspekt eines spirituellen Weges, der letztendlich zur Beendigung alles menschlichen Leidens führt (Schmidt, 2014).

In der westlichen Auffassung findet man für Achtsamkeit keine einheitliche Definition. In einer groben Einteilung kann man unter Achtsamkeit eine bestimmte (Meditations-)Praxis verstehen oder auch eine Grundhaltung bestimmten Dingen gegenüber. Zur Definition von Achtsamkeit als Grundhaltung wird oft Jon Kabat-Zinn zitiert. Er beschreibt Achtsamkeit als die nichtwertende Präsenz im Moment (vgl. Kabat-Zinn, 2005). 2004 haben Bishop und weitere Fachleute (Bishop et al., 2004) sich zusammengefunden und Achtsamkeit durch die Hauptaspekte der Selbstregulation, der Aufmerksamkeit und der Erfahrungsorientierung beschrieben. Bei der Selbstregulation ist die so genannte Daueraufmerksamkeit wichtig, d. h. die Fähigkeit, die Aufmerksamkeit über einen bestimmten Zeitpunkt aufrecht zu halten. Aber auch die Fähigkeiten, zum einen die Aufmerksamkeit zu wechseln und zum anderen auf Relevantes zu reagieren und Irrelevantes zu unterdrücken, die so genannte → Inhibitionsfähigkeit, spielen eine wichtige Rolle. Ebenso wichtig ist der so genannte Anfängergeist, der die Fähigkeit bezeichnet, unvoreingenommen das wahrzunehmen, was gerade im jetzigen Moment passiert. Bei der Erfahrungsorientierung steht die Erfahrung im jetzigen Moment im Vordergrund und dabei diese Erfahrung so zu akzeptieren, wie sie ist.

Nach Tang (2017) umfasst Achtsamkeit die Aspekte

- der Aufmerksamkeitskontrolle (z. B. Wie gelingt es uns, den Fokus auf ein Objekt zu halten?),

- der → Emotionsregulation (z. B. Welche Strategien werden bei der Wahrnehmung, der Verarbeitung und beim Ausdruck der Emotionen angewandt?),
- des Selbstgewahrseins (d. h. des Bewusstwerdens der eigenen mentalen Prozesse).

Die Erkenntnisse hat Tang aus neurowissenschaftlichen Untersuchungen gewonnen, bei welchen die Aktivität des Gehirns z. B. während achtsamer Meditationen untersucht wurde (→ Kann man Achtsamkeit im Gehirn messen?).

**Literaturtipp** | Schmidt, S. (2014). Was ist Achtsamkeit? Herkunft, Praxis und Konzeption. *Sucht, 60,* 13-19. https://doi.org/10.1024/0939-5911.a000287

## Gibt es eine einheitliche Definition von Achtsamkeit?

Neben der bereits oben erwähnten Definition von Achtsamkeit, initiiert von Jon Kabat-Zinn basierend auf der buddhistischen Tradition, als die nichtwertende Präsenz im jeweiligen Moment, definieren Ellen Langer und ihre Kollegin Achtsamkeit als eine aktive, sich anstrengende Form des bewussten Gewahrseins, die sich durch einen erhöhten Zustand der Beteiligung und Wachsamkeit auszeichnet (Langer & Moldoveanu, 2000). Ihre Definition, die nicht einer buddhistischen Tradition entspringt, impliziert, dass Achtsamkeit die Selbstregulation der Aufmerksamkeit integriert, die Fähigkeit, das Bewusstsein auf externe Stimuli zu richten und sich mit diesen Stimuli auf einer bewussten Art und Weise zu beschäftigen. Oftmals wird in dieser Theorie auch die achtsame Kreativität beschrieben, die im Zusammenhang mit dem „Flow-Konzept" steht, des völligen Aufgehens in einer Beschäftigung. In der Definition von Jon Kabat-Zinn wird auch das Bewusstsein für innere Stimuli betont. Beide Herangehensweisen haben unterschiedliche Interventionen zur Erreichung der Achtsamkeit entwickelt: Kabat-Zinn entwickelte das *Mindfulness-Based Stress Reduction*-Programm (→ Was ist das MBSR-Training?), welches sich über einen mehrwöchigen Zeitraum mit täglicher Praxis erstreckt und eher zu einer Veränderung der

→ dispositionalen Achtsamkeit, d. h. der Achtsamkeit als Eigenschaft, führt. Langer hingegen baute ein Programm mit kurzen Interventionen, die keine tägliche Praxis benötigen und eher eine Veränderung der Achtsamkeit als Zustand bedingen (Hart et al., 2013). Auch die Messung der dispositionalen Achtsamkeit nach Langer unterscheidet sich von der Messung nach dem Achtsamkeitsmodell von Kabat-Zinn. So integrieren Ellen Langer und ihre Kollegen und Kolleginnen in der Kurzform dieses Fragebogens die Skalen der Suche nach Neuheiten (z. B. „Ich bin sehr neugierig“), der Produktion von Neuheiten (z. B. „Ich leiste viele neuartige Beiträge“), und des Engagements (z. B. „Ich bin mir Veränderungen selten bewusst“) (Pirson et al., 2012). Nur die Subskala des Engagements misst achtsame Aufmerksamkeit bezogen auf den jetzigen Moment. Die anderen beiden Skalen messen eher kognitive Aspekte, die auch für das kreative Denken wichtig sind.

**Literaturtipp** | Hart, R., Ivtzan, I., & Hart, D. (2013). Mind the gap in mindfulness research: A comparative account of the leading schools of thought. *Review of General Psychology, 17,* 453-466. https://doi.org/10.1037/a0035212

## Kann man Achtsamkeit im Gehirn messen?

Ja, Achtsamkeit lässt sich indirekt im Gehirn messen! Ganz grob gesprochen umfasst das menschliche Gehirn unter anderem das Großhirn und das Kleinhirn. Der Kortex bezeichnet die äußere Oberfläche des Gehirns und lässt sich in unterschiedliche Bereiche unterteilen, die verschiedene Funktionen haben. Darüber hinaus gibt es tieferliegende Strukturen, wie z. B. die Basalganglien, die mit motorischen und kognitiven Funktionen in Zusammenhang gebracht werden und z. B. das limbische System, welches für das Gedächtnis und die Emotionen von großer Bedeutung ist. Mit funktionellen bildgebenden Verfahren, wie z. B. der Positronen-Emissions-Tomographie oder der funktionellen Magnetresonanztomographie, wird die Aktivität des menschlichen Gehirns sichtbar gemacht. Die Aspekte der Achtsamkeit nach Tang (2017) lassen sich folgenden Gehirnbereichen zuordnen: Bei der Aufmerksamkeitskontrolle ist zu Beginn der Achtsamkeitspraxis der dorsolaterale präfrontale Kortex und zum Ende der → anteriore cinguläre Kortex und das Striatum involviert. Bei der → Emotionsregulation spielen der anteriore cinguläre Kortex, der mediale präfrontale Kortex und die limbischen Regionen eine bedeutsame Rolle. Das Selbstgewahrsein zeigt sich im → Default-Mode-Netzwerk, im anterioren-cingulären Kortex und in der → Insula. Die Abbildung 1 zeigt die Gehirnregionen, die bei den drei Aspekten involviert sind.

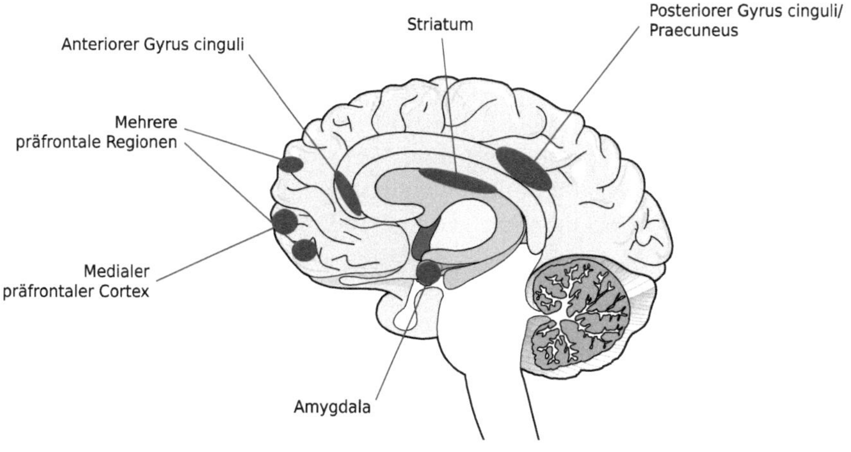


Abbildung 1 | Relevante Gehirnregionen bei der Achtsamkeitspraxis, mediale Ansicht (eigene Darstellung nach Tang, 2017, S. 18)

In einer neueren → Metaanalyse mit den Ergebnissen aus 25 Arbeiten wurde die Veränderung in der grauen Substanz, die vornehmlich Nervenzellkörper enthalten, nach achtsamkeitsbasierten Meditationen untersucht (Pernet et al., 2021). Dabei zeigte sich eine Zunahme der grauen Substanz konsistent über alle Studien in der rechten anterioren ventralen Insula. Dass nicht alle bildgebenden Arbeiten die gleiche Aktivität im Gehirn nach einer Achtsamkeitsintervention zeigen, liegt an vielen Punkten, wie z. B. unterschiedlichen experimentellen Designs und unterschiedlichen Auswertungsmethoden. Darüber hinaus haben die Studien oft eine geringe Power, d. h. es nehmen zu wenige Versuchspersonen teil, um zu aussagekräftigen Ergebnissen zu kommen.

**Linktipp** | Die neuronalen Mechanismen, die durch die Achtsamkeitspraxis entstehen, sind sehr komplex und hier nur sehr kurz dargestellt.

Einen tiefen Einblick gewährt meine sehr geschätzte Kollegin Dr. Britta Hölzel in einem sehr interessanten Vortrag: https://www.youtube.com/watch?v=0a5dvfL0-II&t=11s

## Ist Achtsamkeit eine Eigenschaft oder ein Zustand?

In der wissenschaftlichen psychologischen Forschung unterscheidet man häufig zwischen einer Eigenschaft (trait) und einem Zustand (state). Als Eigenschaften einer Person kann man Verhaltenstendenzen beschreiben, die zeitlich überdauernd und unabhängig von einer spezifischen Situation sind. Ein Zustand ist eher eine sich verändernde Befindlichkeit einer Person, also ein Verhalten, welches von der Situation abhängen kann. Forscher und Forscherinnen gehen davon aus, dass es die Eigenschaft Achtsamkeit gibt, die unterschiedliche Facetten hat. Diese Facetten werden wiederum mit unterschiedlichen Messinstrumenten, d. h. Fragebögen, erfasst. Im deutschsprachigen Raum hat sich in den letzten Jahren der Fragebogen CHIME *(Compehensive Inventory of Mindfulness Experiences)* etabliert (Bergomi et al., 2014), welcher acht unterschiedliche Aspekte der Achtsamkeit misst. Nach dieser Modellvorstellung wäre also ein achtsamer Mensch jener, der die folgenden Eigenschaften besitzt. Er oder sie kann

1. die Dinge so akzeptieren, wie sie sind (Akzeptanz),
2. die Informationen des Momentes bewusst wahrnehmen (Gewahrsein),
3. Distanz zu den eigenen Gedanken und Reaktionen haben (Dezentrierung, Nicht-Reaktivität),
4. offen gegenüber dem sein, was kommt (Offenheit),
5. sich bewusst sein, dass alle Gedanken relativ sind und kommen und gehen (Relativität),
6. ein Bewusstsein für die inneren – körperbasierten – Prozesse haben (inneres Gewahrsein),
7. die Prozesse abseits der eigenen Person verstehen (äußeres Gewahrsein),
8. einsichtsvolles Verständnis zeigen (Einsicht).

Neben der Auffassung von Achtsamkeit als Eigenschaft kann sie auch als Zustand beschrieben werden, dies ist aber noch weniger untersucht als die Eigenschaftskomponente. Achtsamkeit als Zustand zu messen, kann dann sinnvoll sein, wenn Achtsamkeit als ein dynamischer Zustand in einer bestimmten Situation zu einer bestimmten Zeit untersucht werden soll. Sedlmeier (2022) beschreibt, dass es zu diesem Zeitpunkt nur drei Fragebögen gibt, die Achtsamkeit als Zustand erfassen. Der erste Fragebogen stammt von Brown und Ryan (2003). Sie adaptierten fünf Fragen aus dem von ihnen entwickelten Fragebogen für Achtsamkeit als Eigenschaft („MAAS"), indem sie die Fragen auf eine bestimmte Zeit bezogen („State-MAAS"). Die Teilnehmenden erhielten dann ein Signal und wurden aufgefordert, ihre Beurteilung abzugeben. Daneben existiert der *Toronto-Mindfulness-Scale-Fragebogen* („TMS", Lau et al., 2006). Der Fragebogen besteht aus 15 Aussagen, die sich auf die Empfindung nach einer Meditation beziehen, wie z. B. „Ich war neugierig auf die Gedanken und die Emotionen, die ich habe". Die Befragten sollen diesen oder ähnliche Sätze auf einer Skala von 0 bis 4 (trifft überhaupt nicht zu – trifft sehr zu) beurteilen. Darüber hinaus gibt es die *State Mindfulness Scale* (Tanay & Bernstein, 2013). Dieser Fragebogen besteht aus 21 zu beurteilenden Aussagen, die den beiden Faktoren, Achtsamkeit des Geistes und Achtsamkeit des Körpers, zugeordnet werden können.

Sedlmeier (2022) weist darauf hin, dass ebenso wie bei der theoretischen Fundierung der Achtsamkeit als Eigenschaft, die theoretische Fundierung von Achtsamkeit als Zustand unklar ist. Kiken und ihre Kollegen und Kolleginnen (2015) konnten zeigen, dass die Steigerung der Achtsamkeit als Zustand während der Meditationspraxis im Laufe der Zeit die Eigenschaft der Achtsamkeit erhöht, was sich positiv auf die psychische Gesundheit auswirkt. Während einer achtwöchigen Intervention berichteten die Teilnehmer und Teilnehmerinnen nach einer kurzen Achtsamkeitsmeditation jede Woche über ihren Zustand der Achtsamkeit während der Meditation. Die Ergebnisse zeigten, dass sich die Individuen in ihren Veränderungsraten des Achtsamkeitsempfindens während der Intervention signifikant unterschieden und dass diese individuellen Trajektorien Veränderungen der Achtsamkeitseigenschaften und des Leidensdrucks vor und nach der Intervention vorhersagten. Diese Ergebnisse unterstützen die Annahme, dass eine Zunahme der Achtsamkeit im Laufe wiederholter Meditationssitzungen, d. h. eine Zunahme der State-Achtsamkeit zu einer achtsameren Haltung, also zu einer Zunahme der Trait-Achtsamkeit, beitragen kann. Die individuellen Veränderungspfade können jedoch variieren.

**Linktipp** | Dieses Video erklärt sehr anschaulich den Unterschied zwischen Trait und State: https://www.youtube.com/watch?v=n4b_Mj7GndQ

## Ist Achtsamkeit nicht nur eine Persönlichkeitseigenschaft?

Achtsamkeit kann als eine Eigenschaft, das heißt als eine überdauernde Facette einer Person aufgefasst werden. Unterscheidet sich aber nun die Eigenschaft der Achtsamkeit von Persönlichkeitseigenschaften, die in der Psychologie seit langem bekannt sind und untersucht werden? Zunächst einmal muss man auch hier festhalten, dass es zahlreiche Persönlichkeitstheorien gibt. Eine sehr bekannte Theorie ist die 5-Faktoren-Theorie oder mit einem anderen Namen, das Big-Five-Modell. In diesem Modell, in welchem ebenso wie in anderen Persönlichkeitsmodellen auf die motivationalen und emotionalen Komponenten der Persönlichkeit fokussiert wird, werden die folgenden fünf Eigenschaften differenziert (in Klammern jeweils Beispielitems aus dem NEO-Fünf-Faktoren-Inventar, Körner et al., 2002). Jede dieser Eigenschaften kann als Kontinuum aufgefasst werden, welches mehr oder weniger schwach innerhalb einer Person ausgeprägt ist. Die Eigenschaften sollen auf einer Skala von 1 (starke Ablehnung) bis 5 (starke Zustimmung) beurteilt werden:

1. Offenheit für Erfahrungen („Ich habe oft Spaß daran, mit Theorien und abstrakten Ideen zu spielen.")
2. Gewissenhaftigkeit („Ich halte meine Sachen ordentlich und sauber.")
3. Extraversion („Ich bin gern im Zentrum des Geschehens.")
4. Verträglichkeit („Ich versuche stets rücksichtsvoll und sensibel zu sein.")
5. Neurotizismus („Ich fühle mich oft angespannt und nervös.")

Forscher und Forscherinnen kamen zu der Erkenntnis, dass viele Aspekte der Achtsamkeit als Eigenschaft schon in wohlbekannten Persönlichkeitsbeschreibungen gemessen wurden: Es zeigten sich Korrelationen zwischen Achtsamkeitsmessungen mit dem FFMQ (*Five-Facet Mindfulness Questionnaire)* und Persönlichkeitsfaktoren (Altgassen et al., 2024). Der FFMQ ist ein weiterer Fragebogen zur dispositionellen Achtsamkeit, der häufig verwendet wird. Er misst auf einer fünfstufigen Skala (1 = nie oder sehr selten zutreffend, 5 = sehr oft oder immer zutreffend) fünf unterschiedliche Aspekte (in Klammern Beispielitems, Michalak et al., 2016), nämlich die Aspekte

1. des Beobachtens („Wenn ich dusche oder bade, bin ich mir des Gefühls des Wassers auf meinem Körper bewußt."),
2. des Beschreibens („Ich kann meine Gefühle gut in Worte fassen."),
3. des mit Aufmerksamkeit Handelns („Ich hetze durch Aktivitäten, ohne wirklich aufmerksam für sie zu sein."),
4. des Akzeptierens ohne Bewertung („Ich sage mir, dass ich nicht so denken sollte, wie ich denke."),
5. der Nichtreaktivität („In schwierigen Situationen kann ich innehalten, ohne sofort zu reagieren").

In einer anderen Arbeit, einer explorativen Netzwerkanalyse, mit Stichproben aus vier Ländern (USA, Spanien, Kanada und Argentinien) zeigte sich in allen vier Ländern, dass die Persönlichkeitskomponente Gewissenhaftigkeit stärker mit der Komponente des mit Aufmerksamkeit Handelns verbunden war, Extraversion war mit der Achtsamkeitskomponente des Beschreibens und Offenheit mit Beobachten verbunden. Darüber hinaus gab es noch wenige länderspezifische Assoziationen (Roemer et al., 2024).
Altgassen et al. (2024) haben auch ein einheitliches Messmodell der dispositionalen Achtsamkeit vorgestellt und empfehlen, dass sich die zukünftige Forschung auf dieses Messmodell bezieht. Generell weisen ihre Ergebnisse darauf hin, dass Achtsamkeit als Eigenschaft nur einen geringen oder gar keinen zusätzlichen Nutzen gegenüber den etablierten Persönlichkeitsfaktoren hat. Sie schlagen vor, die Konzepte und Befunde zur Achtsamkeit in die Konzepte und Befunde der Persönlichkeitsforschung zu integrieren, anstelle die Weiterentwicklung von neuen Definitionen und Messinstrumenten der Achtsamkeit voranzutreiben. Die Autorin und die Autoren (Altgassen et al., 2024) halten Vorbehalte gegen eine Idee, die aus der buddhistischen Philosophie adaptiert wurde –

manchmal vielleicht ohne wissenschaftliche Standards einzuhalten – für angebracht.

**Literaturtipp** | Altgassen, E., Geiger, M., & Wilhelm, O. (2024). Do you mind a closer look? A jingle-jangle fallacy perspective on mindfulness. *European Journal of Personality, 38(2)*, 365-387. https://doi.org/10.1177/08902070231174575

## Hat Achtsamkeit etwas mit Religion zu tun?

Wie bereits erwähnt, stammt der Begriff der Achtsamkeit aus dem Buddhismus. Aber natürlich besitzen alle Religionen ihre kontemplativen Aspekte, die auch mit der Achtsamkeit vergleichbar sind. So könnte man z. B. das Zitat von Meister Eckhart, einem christlichen Theologen des Mittelalters, als ein Achtsamkeitszitat bezeichnen:

> „Die wichtigste Stunde ist immer die Gegenwart, der bedeutendste Mensch immer der, der dir gerade gegenübersteht, und das notwendigste Werk ist immer die Liebe."[1]

Achtsamkeit, wie sie im Rahmen von z. B. → MBSR-Kursen gelehrt wird, ist an die Tradition der Einsichtsmeditation, → *Vipassana* (eine Form, die aus der Theraveda-Tradition entstammt), angelehnt. Vipassana, vermehrt in Thailand, Burma und Sri Lanka praktiziert, ist neben dem Zen, der eher aus China, Korea und Japan kommt, und dem tibetischen Buddhismus eine der drei buddhistischen Hauptströmungen, die vermehrt in der westlichen Welt praktiziert werden. Vipassana kann man mit klarer Sicht oder Einsicht übersetzen. Im Mittelpunkt steht, das Wahrhaftige zu erkennen und sich von Illusionen und Verblendungen zu befreien. Viele junge Menschen gingen in den frühen siebziger Jahren aus Enttäuschung über das westliche Politiksystem in asiatische Länder und kehrten mit den Erfahrungen, die sie in der Mediationspraxis gemacht hatten, in den Westen zurück. Sie wurden von buddhistischen Mönchen beeinflusst. Zu den drei einflussreichsten

1 https://www.deutschlandfunknova.de/beitrag/eine-kleine-weltreise-achtsamkeit-in-unterschiedlichen-kulturen-und-religionen (abgerufen am 27.5.2024)

Lehrern und Lehrerinnen gehören Sharon Salzberg, Joseph Goldstein und Jack Kornfield, die die Insight Meditation Society in Massachusetts und das Spirit Rock Mediation Center in Kalifornien gründeten. Hier lehren sie nicht immer unbedingt Vipassana in der reinen Version, sondern bringen zum Teil andere Konzepte mit in ihre Lehre ein, so wie z. B. bei Jack Kornfield Konzepte aus der Psychologie. Diese Verbindung wird in seinem Buch: „Das weise Herz – die universellen Prinzipien buddhistischer Psychologie" deutlich. Aber auch, wenn die Achtsamkeitspraxis Ursprünge im Buddhismus hat, so ist sie doch kultur- und religionsfrei. Insofern hat Achtsamkeit in irgendeiner Form zwar etwas mit Religion zu tun, ihre westliche Praxis ist aber unabhängig von jeder religiösen Strömung.

**Linktipp** | Viele Informationen über Jack Kornfield und eine Vipassana-Praxis gibt es auf seiner Homepage: https://jackkornfield.com/category/meditations/

## Was versteht man unter den Brahmaviharas?

Die → Brahmaviharas beschreiben die vier zu kultivierenden Geisteshaltungen, Liebe bzw. liebende Güte (Loving Kindness), Mitgefühl, Mitfreude und Gleichmut. Die Kultivierung dieser Geisteshaltungen ist z. B. im Theravada-Buddhismus sehr bedeutend. Aber auch in Pantanjali's Yogasutras wird die Kultivierung der Brahmaviharas als Meditationstechnik erwähnt (Sedlmeier, 2022). Kultivierung bedeutet, dass sie nicht nur kurzfristig erlebt werden, sondern ein integraler Bestandteil des eigenen Lebens werden. Man lebt praktisch aus der Liebe, dem Mitgefühl, der Mitfreude und dem Gleichmut heraus. Die vier Geisteshaltungen können durch bestimmte Meditationspraxen, insbesondere der Loving Kindness Meditation oder mit einem anderen Wort der Metta-Meditation, der Meditation der liebenden Güte, entwickelt werden. Hierbei werden vier Sätze der liebevollen Güte gesprochen. In einem ersten Schritt werden diese Sätze sich selbst gegenüber gesprochen. Mögliche Sätze können z. B. sein:

- „Möge ich glücklich sein."
- „Möge ich mich sicher und geborgen fühlen."
- „Möge ich gesund sein."
- „Möge ich mit Leichtigkeit und Freude durchs Leben gehen."

In einem zweiten Schritt stellt man sich dann einen liebgewonnenen Menschen oder auch ein Tier vor. Man kann dies gerne so visualisieren, dass das Lebewesen neben einem steht. In einem dritten Schritt visualisiert man eine Person, die man nur sehr entfernt kennt, wie z. B. eine Person aus den Medien oder einen weiter entfernt wohnenden Nachbarn bzw. eine Nachbarin. Daraufhin stellt man sich eine Person vor, mit der man Schwierigkeiten hat, allerdings keine, mit der es große Schwierigkeiten gibt, sondern eher jemanden, mit dem es zu kleineren Unstimmigkeiten gekommen ist. Auch diesen Personen sagt man hintereinander folgende Sätze:

- „Mögest Du glücklich sein."
- „Mögest Du Dich sicher und geborgen fühlen."
- „Mögest Du gesund sein."
- „Mögest Du mit Leichtigkeit und Freude durchs Leben gehen."

Zum Schluss werden diese Sätze noch für alle Menschen und Lebewesen gesprochen. Manchmal fällt die Formulierung für alle schwer. Das ist in Ordnung, vielleicht fällt es dann zu einer anderen Zeit leichter:

- „Mögen alle Menschen glücklich sein."
- „Mögen alle Menschen sich sicher und geborgen fühlen."
- „Mögen alle Menschen gesund sein."
- „Mögen alle Menschen mit Leichtigkeit und Freude durchs Leben gehen."

**Literaturtipp** | Ein sehr umfassendes Buch über die Metta-Meditation hat Sharon Salzberg geschrieben. Salzberg, S. (2012). *Metta Meditation. Buddhas revolutionärer Weg zum Glück.* Freiburg: Arbor.

## Ist Gleichmut dasselbe wie Gleichgültigkeit?

Der Begriff des Gleichmutes entstammt wie der Begriff der Achtsamkeit aus dem Buddhismus. Gleichmut ist eine der vier Brahmaviharas. In Pali heißt Gleichmut *Uphekka*, was etwa wie „ruhiges Beobachten" oder „Sehen mit Geduld oder Weisheit" beschrieben werden kann. Je häufiger wir Achtsamkeit praktizieren, desto mehr werden wir

Gleichmut erfahren. Gleichmut kann als ein Zustand des inneren Friedens beschrieben werden. Desbordes und Kollegen und Kolleginnen (2015) beschreiben Gleichmut auf der einen Seite als einen Zustand der Offenheit und der Akzeptanz, auf der anderen Seite als eine Eigenschaft, die durch ein Achtsamkeitstraining erreicht werden kann. Gleichmut hat auch etwas mit der Fähigkeit zur → Emotionsregulation zu tun. Wichtig ist, Gleichmut von Gleichgültigkeit zu unterscheiden. Wenn man gleichgültig ist, interessiert einen die Welt nicht. Ist man hingegen jedoch gleichmütig, dann nimmt man die äußere Welt wahr, man durchschaut sie. Man weiß, dass man nicht wirklich etwas kontrollieren kann. Man nimmt die Dinge, so wie sie sind und lernt zu unterscheiden – zwischen Dingen, die man ändern kann und denen, die man nicht ändern kann, wie in dem Gelassenheitsgebet von Reinhold Niebuhr ausgedrückt:

> „Gott, gib mir die Gelassenheit, Dinge hinzunehmen,
> die ich nicht ändern kann,
> den Mut, Dinge zu ändern, die ich ändern kann,
> und die Weisheit, das eine von dem anderen zu unterscheiden.“[2]

Die bekannte Achtsamkeitslehrerin Christiane Wolf beschreibt in einem sehr schönen Text den Gleichmut näher[3]. In diesem Text beschreibt sie, dass Gleichmut wie das Auge des Sturms ist, die ruhige Mitte, die weiß, dass sich ständig alles verändert und vieles außerhalb unserer Kontrolle liegt. Als ein Bild für den Gleichmut bringt sie das Bild der Eiche. Die Eiche ist fest in der Erde verwurzelt und lässt sich von den wechselnden Jahreszeiten nicht aus der Ruhe bringen. Ihre Stabilität hat sie von ihren Wurzeln. Wir können uns fragen, welches unsere Wurzeln sind, die uns Stabilität geben. Was hilft uns, dass wir den unvermeidlichen Stürmen des Lebens widerstehen können? Sie beschreibt Gleichmut auch als eine tiefe Sorge mit einem Gefühl der Leichtigkeit. Weiterhin führt sie aus, dass Gleichmut auch oft als das Gefühl von Großeltern beschrieben wird. Großeltern empfinden für ihre Enkelkinder dieselbe Liebe wie für ihre Kinder, aber mit mehr Gelassenheit und mit einem Bewusstsein für die Relation der

---

2 https://de.wikipedia.org/wiki/Gelassenheitsgebet
3 https://www.christianewolf.com/finding-a-better-balance/ (abgerufen am 26.9.2023).

Erwartungen und Schwierigkeiten. Sie gibt auch drei Beispiele für Übungen:

**Übungen für mehr Gleichmut**

**Übung 1 | Bleib offen und sehe eine neue Perspektive**

Stellen Sie sich eine Situation in Ihrem Leben vor, die eigentlich für Sie negativ ausgegangen ist und sich dann doch positiv entwickelt hat. Vielleicht haben Sie z. B. einen Job nicht bekommen und danach ein anderes Angebot erhalten, welches dann doch viel besser gewesen ist. Denken Sie an diese Situation, wenn Sie gerade in einer Situation sind, in welcher Sie nur das Negative erleben.

**Übung 2 | Wenn ein geliebter Mensch leidet**

Oftmals fühlen wir uns auch schlecht, wenn ein lieber Mensch leidet. Manchmal glauben wir, dass wir uns aus Solidarität auch schlecht fühlen müssen. Die Übung wurde von Kristin Neff inspiriert und hilft, Gleichmut zu finden, wenn ein geliebter Mensch leidet. Der Kern der Übung ist die Einsicht, dass wir niemanden glücklich machen können. In einer Meditation können wir folgende Sätze wiederholen:

Jeder ist auf seiner eigenen Lebensreise.

Ich bin nicht die einzige Ursache deines Leidens.

Ich würde gern dein Leiden beenden, aber es steht nicht in meiner Macht.

**Übung 3 | Meditation des offenen Gewahrseins**

Zunächst können wir in der Meditation den Blick auf den Atem richten und dann können wir den Fokus wie eine Kameralinse erweitern, sodass der Unterschied zwischen dem Fokus und allem anderen (z. B. Gedanken, Gefühle und körperliche Empfindungen) verschwindet. Wir öffnen uns der Weite, verweilen in ihr und lassen alles, was aufkommt durch, wie Wolken, die vorbeiziehen.

**Linktipp** | Hier gibt Christiane Wolf auch einen Dharma-Talk zum Thema Gleichmut https://dharmaseed.org/talks/player/54490.html

# Achtsamkeit lernen

Nicht nur die gestiegene Anzahl der wissenschaftlichen Arbeiten im Bereich der Achtsamkeit, sondern auch das öffentliche Interesse an den Themen der Achtsamkeit macht deutlich, dass Achtsamkeit etwas Erstrebenswertes zu sein scheint. Da stellt sich schnell die Frage, ob man Achtsamkeit lernen kann und was man genau dafür tun muss. Darum soll es in diesem Kapitel gehen.

## Was ist das MBSR-Training?

Das wohl bekannteste Achtsamkeitstrainingsprogramm, *Mindfulness-Based Stress Reduction* (MBSR) entstand aus der Arbeit von Jon Kabat-Zinn heraus, der als Molekularbiologe die *Stress-Reduction-Clinic* gründete. Mithilfe des MBSR-Programmes lernen die Teilnehmer und Teilnehmerinnen, die Erfahrungen des Momentes anzunehmen und sie nicht zu bewerten, um Stress zu reduzieren. Achtsamkeit wird dabei durch Meditationselemente und Körperübungen praktiziert. Das → MBSR-Programm ist ein Gruppenprogramm für sechs bis 20 Teilnehmer und Teilnehmerinnen, die sich über einen Zeitraum von acht Wochen einmal wöchentlich für zweieinhalb Stunden treffen. Hinzu kommt die Teilnahme an einem Ganztagesseminar und die Verpflichtung, täglich 45 Minuten zu praktizieren. Ganz grob könnte man die einzelnen acht Stunden wie folgt gliedern:

- Woche 1: Achtsamkeit
- Woche 2: Wie wir die Welt wahrnehmen
- Woche 3: Im Körper beheimatet sein
- Woche 4: Stress und wie ich ihm mit Achtsamkeit begegne
- Woche 5: Achtsamkeit gegenüber stressverschärfenden Gedanken
- Woche 6: Achtsame Kommunikation
- Woche 7: Für sich selbst gut sorgen
- Woche 8: Achtsamkeit und Neubeginn

Generell besteht das Programm unter anderem aus bestimmten formalen Übungen wie dem Body-Scan, der Sitz- und der Gehmeditation und Übungen aus dem Yoga.

- Bei dem Body-Scan, welcher meistens im Liegen stattfindet, handelt es sich um eine Art mentale Reise durch den Körper.
- Bei der Sitzmeditation geht es in einer sich selbst gegenüber wertschätzenden Haltung um die Rückkehr zum jetzigen Zeitpunkt. Je nach Art der Meditation kann sich diese auf ein Objekt, wie z. B. dem Atem, richten oder in die Weite gerichtet sein.
- Bei der Gehmeditation wird die Aufmerksamkeit auf jeden einzelnen Schritt gelenkt. Dabei ist Gehmeditation mehr als nur langsames Gehen.
- Ergänzt werden diese formalen Übungen durch leichte Yogaübungen.

Neben diesen Übungen hat jede Sitzung ein Schwerpunktthema und es werden theoretische Einheiten, z. B. zur Wahrnehmung, zur Entstehung von Stress und dessen Reduzierung oder zu den Gefühlen gelehrt. Zudem werden an jedem Kurstag die Erfahrungen der Teilnehmenden mit den Übungen reflektiert. Dabei wird Raum für einen Austausch über die Schwierigkeiten mit der Achtsamkeitspraxis geboten. Vor dem Kursbeginn findet in der Regel ein individuelles Vorgespräch oder auch eine Veranstaltung zur Orientierung statt, in welchem auch auf mögliche Kontraindikationen wie z. B. psychische Erkrankungen eingegangen wird. Die MBSR-Kurse können von den Krankenkassen bezuschusst werden, wobei es hier keine einheitlichen Bezuschussungssätze gibt[4]. Nach dem Abschluss eines Kurses wird empfohlen, die formale Achtsamkeitspraxis mit ca. 20 bis 30 Minuten täglich weiter fortzusetzen, aber auch die informelle Praxis, wie z. B. das achtsame Essen zu praktizieren.

**Literaturtipp** | Kabat-Zinn, J. (2019). *Gesund durch Meditation: Das große Buch der Selbstheilung mit MBSR.* München: Knaur Mens Sana.

## Wie unterscheidet sich MBSR von MBCT (Mindfulness-Based Cognitive Therapy)?

Die achtsamkeitsbasierte Therapie, MBCT, wurde von Zindel Segal, Mark Williams und John Teasdale entwickelt und wird angewandt, um Menschen vor einem Rückfall in eine Depression zu schützen. Im MBCT werden Punkte aus dem → MBSR-Programm von Jon Kabat-Zinn zur achtsamkeitsbasierten Stressreaktion mit Elementen der kognitiven Verhaltenstherapie kombiniert. Diese Elemente umfassen z. B. die Wahrnehmung und das Anerkennen von Barrieren, die bestimmte Handlungen verhindern. Welche Gedanken tauchen auf und wie fühlt es sich im Körper an, diese Barrieren zu erleben? Hierdurch wird die Verbindung zwischen Denken und Fühlen aufgezeigt. Es soll erreicht werden, dass es zu einer Disidentifikation mit depressionsfördernden Gedanken kommt. Achtsamkeitselemente, die hierbei angewandt werden können, können der Body-Scan und das achtsame Atmen sein. Dadurch werden die eigenen

4 https://j3toj4.achtsamkeitskurs.de/index.php/kostenuebernahme-durch-krankenkasse n (abgerufen am 27.5.2024)

Ressourcen gestärkt. Ein anderes Thema einer Gruppensitzung ist es zu lernen, dass Gedanken keine Tatsachen sind.

Ein achtwöchiger MBCT-Kurs lässt sich wie folgt einteilen (Teasdale et al., 2020):

- Woche 1: Jenseits des Automatikbetriebs
- Woche 2: Eine andere Art des Wissens
- Woche 3: Heimkehren in der Gegenwart
- Woche 4: Abneigung wahrnehmen
- Woche 5: Den Dingen erlauben, so zu sein, wie sie sind
- Woche 6: Gedanken als Gedanken erkennen
- Woche 7: Freundlichkeit in „Aktion“
- Woche 8: Was nun?

Eine Sitzung dauert etwa zweieinhalb bis drei Stunden. Dieser Kurs richtet sich speziell an Menschen, die mehrere depressive Episoden hatten, aber zu Beginn des Kurses an keiner Depression leiden.

**Literaturtipp** | Teasdale, J., Williams, M., Z. & Bedner, Ch. (2020). *Das MBCT-Arbeitsbuch.* Ein 8-Wochen Programm zur Selbstbefreiung von Depressionen und emotionalem Stress. Freiburg: Arbor.

## Wie läuft ein Body-Scan im Detail ab?

Beim Body-Scan liegt der Teilnehmer oder die Teilnehmerin meistens auf dem Rücken auf einer bequemen Unterlage wie z. B. einer Yogamatte. Es ist auch möglich, einen Body-Scan im Sitzen durchzuführen. Der Raum sollte nicht zu dunkel sein, um das Einschlafen zu verhindern. Die Augen können geschlossen sein.

Der Body-Scan beginnt oft mit den Worten des oder der Anleitenden, dass es sich um eine aufmerksame Reise durch den Körper, von den Füßen bis zum Kopf, handelt. Dabei beobachtet jeder und jede aufmerksam, was einem begegnet, ohne etwas zu erwarten, auch keine Entspannung. Auch wenn Entspannung ein schönes Ziel ist, ist sie nicht das Ziel eines Body-Scans. Das Ziel eines Body-Scans ist es vielmehr, in einzelne Körperbereiche, ohne zu urteilen, hineinzuspüren. Der Körper muss auch nicht bewegt werden, um eine Empfindung auszulösen. Die Aufmerksamkeit wird auf die Empfindung gerichtet, die sich in jedem Körperteil gerade jetzt bemerkbar macht. Die Empfindungen können an den unterschiedlichen Stellen ganz verschiedenartig sein. Man kann ein Kribbeln, ein Pulsieren, Kälte, Wärme, Druck, Schmerz oder ein wohliges Gefühl fühlen. Es gilt dies wahrzunehmen und zwar individuell für jeden Körperteil. Sollte aber z. B. der Schmerz zu stark sein, dann ist es gut, die Aufmerksamkeit auf eine andere Stelle im Körper zu richten oder auf den Atem zu lenken. Unangenehmes und Angenehmes sollen mit derselben forschenden und freundlichen Haltung angenommen werden. Es kann auch sein, dass es einige Körperbereiche gibt, an welchen keine Empfindung wahrgenommen wird, auch dies gilt es wahr- und anzunehmen.

Der Body-Scan kann unterschiedlich lang dauern, je nachdem, wie lange der Anleitende bzw. die Anleitende an den unterschiedlichen Körperteilen verweilt.

Nach dem Abschluss des Body-Scans ist es die Aufgabe, ruhig und gelassen im Raum anzukommen, die Augen zu öffnen, sobald es das eigene Zeitgefühl erlaubt. Die Teilnehmer und Teilnehmerinnen können den Körper strecken, so wie es sich für sie gerade passend anfühlt.

Die Erfahrungen, die mit dem Body-Scan gemacht werden, sind individuell, sie können von entspannend bis aufregend, wohltuend oder auch als langweilig empfunden werden. Selbstverständlich ist jede Empfindung angemessen.

**Linktipp** | Ein sehr schönes Beispiel für den Body-Scan: https://www.youtube.com/watch?v=ueYlkX8906Q

## Was ist die Rosinenübung?

Die Rosinenübung ist ein Teil des → MBSR-Kurses und ein Beispiel dafür, wie Achtsamkeit in eine ganz alltägliche Handlung, in diesem Fall dem Essen, integriert werden kann. Die Rosinenübung kann auch umgewandelt werden in eine Süßigkeitenübung, bei der das Objekt dann keine Rosine, sondern eine Süßigkeit ist. In einer verkürzten Darstellung von drei Schritten läuft diese Übung etwa wie folgt ab:

**Rosinenübung**
**Schritt 1: Genaue Betrachtung der Rosine**
Zunächst geht es darum, die Rosine genau zu betrachten. Wie sieht die Rosine aus? Wie ist ihre Farbe, wie ist ihre Form? Danach wird die Rosine in die Hand genommen. Es wird gespürt, wie sich die Rosine anfühlt und welches Gewicht sie hat. Nun wird an der Rosine gerochen. Wie riecht sie genau und erinnert der Geruch an etwas? Vielleicht ändert sich der Geruch, je näher man der Rosine kommt.
**Schritt 2: Führen der Rosine zum Mund**
Die Rosine wird zwischen dem Zeigefinger und dem Daumen genommen und langsam zum Mund geführt. Welche Reaktion zieht dies nach sich? Läuft das Wasser im Munde zusammen? Vielleicht macht sich ein großer Drang bemerkbar, die Rosine zu essen? Wenn alle Reaktionen wahrgenommen wurden, wird die Rosine mit vorsichtig geschlossenen Augen zum Mund geführt und dort platziert, ohne dass sie gekaut oder gelutscht wird.
**Schritt 3: Essen der Rosine**
Erst danach wird sie langsam gelutscht und gekaut. Wie drängend ist jetzt das Bedürfnis sie zu schlucken? Und nach dem Herunterschlucken – wie drängend ist das Bedürfnis, noch mehr zu essen?

Diese Übung hilft, sich jeden Schrittes beim Essen bewusst zu werden.

Ob diese Art des bewussten Essens einen Einfluss auf verschiedene Variablen, wie z. B. das Gewichtsmanagment hat, ist umstritten. So konnte in einer Studie, in welcher die Teilnehmerinnen der Experimentalgruppe besonders auf die sensorische Qualität der Nahrung achten, also achtsam essen sollten, keine Reduktion der Nahrungsaufnahme festgestellt werden. Dabei bezog sich das achtsame Essen auf die Nahrungsaufnahme während des Mittagessens. Danach erhielten die Teilnehmerinnen die Bogus-Taste-Aufgabe, in welcher unauffällig die Menge der verzerrten Lebensmittel, in diesem Fall des „After-Lunch-Snacks“, gemessen wurde (Tapper & Seguias, 2020).

**Linktipp** | Dr. Nils Altner zeigt hier die Rosinenübung: https://www.youtube.com/watch?v=rNVs1V5uvkg

## Welche Arten der Meditation gibt es?

Auch wenn man kein ganzes formales → MBSR-Programm durchführen will, kann die Meditationspraxis zu einer höheren Achtsamkeit führen. Dabei lassen sich verschiedenartige Meditationsformen unterscheiden. Eine Differenzierung findet sich bei Dahl et al. (2015). Sie unterscheiden zwischen einer aufmerksamkeitsbasierten Form, einer konstruktivistischen und einer dekonstruktivistischen Form.

Zu den aufmerksamkeitsbasierten Formen gehören sowohl die *Focused-Attention-* (z. B. die Zen-Meditation) als auch die *Open-Monitoring*-Meditationsformen. Hierbei differenzieren die Autoren sogar noch zwischen *Open-Monitoring*-Formen, die sich auf ein Objekt beziehen und solchen, die sich eher auf ein Subjekt beziehen.

Zu den konstruktiven Meditationsformen zählen jene, deren Ziel es ist, das Wohlbefinden zu stärken. Dies wird unter anderem dadurch erreicht, indem der oder die Meditierende Gedanken und Emotionen zunächst kennenlernt und anschließend lernt, diese systematisch zu verändern, oftmals durch die Annahme der Perspektive anderer. Eine bekannte Meditationsform dieser Gruppe ist die Metta-Meditation bzw. die Meditation der liebenden Güte (↠ Was versteht man unter den Brahmaviharas?).

Zu den Mediationsformen der dekonstruktivistischen Formen gehören jene Formen, bei denen maladaptive Prozesse des Selbst überwunden werden sollen. Ein Beispiel hierfür ist der Sufismus, die spirituelle Dimension der islamischen Religion. Wie diese Differenzierung deutlich macht, unterscheiden sich die Verfahren aufgrund des zugrunde liegenden Konzeptes sehr.

Der von Dahl et al. (2015) gewählten Klassifizierung stehen andere Klassifizierungen gegenüber. So unterscheiden Matko und Sedlmeier (2019) die Formen der Meditation anhand der beiden Dimensionen „Aktivierung“ und „Grad der Körperorientierung“. Sie differenzieren folgende sieben Cluster der Meditationsformen: achtsame Beobachtung, körperzentrierte Meditation, visuelle Konzentration, Kontemplation, affektzentrierte Meditation, Mantra-Meditation und Meditation mit Bewegung.

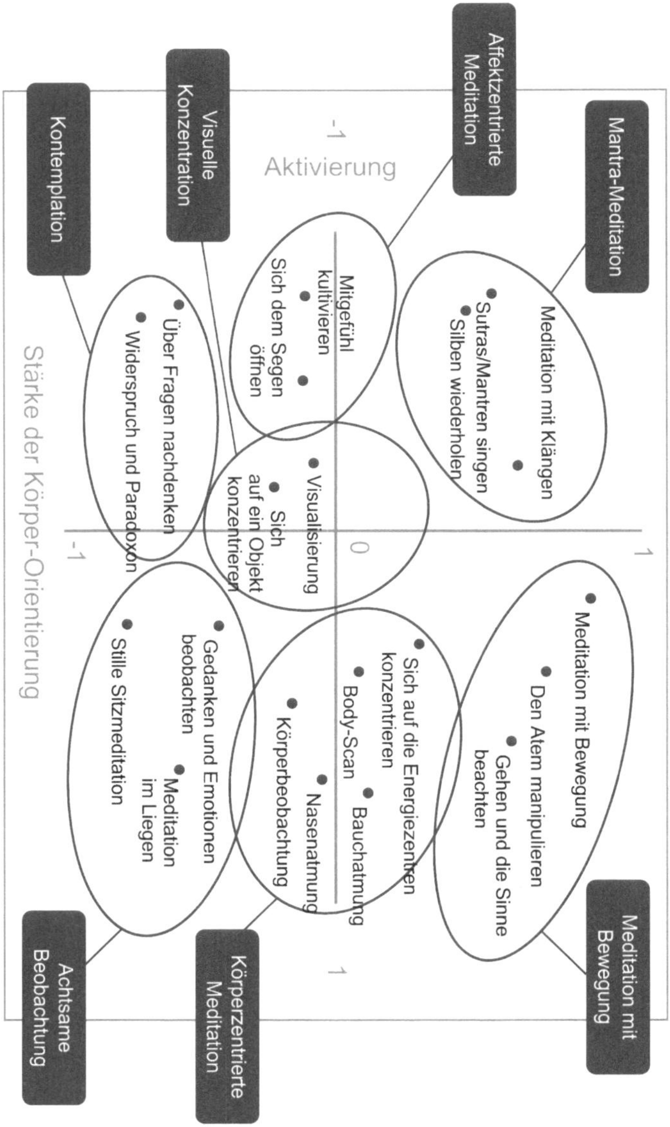


Abbildung 2 | Multidimensionale Skalierung der unterschiedlichen Achtsamkeitsformen basierend auf Ähnlichkeitsurteilen (übersetzt ins Deutsche, eigene Darstellung nach Matko & Sedlmeier, 2019, S. 7).

Zusammenfassend lässt sich sagen, dass Achtsamkeit als eine Eigenschaft durch verschiedenartige Meditationsformen erreicht werden kann, auch durch solche, die bewegungsbasiert sind.

**Literaturtipp** | Sedlmeier, P. (2022). *The Psychology of meditation.* Göttingen: Hogrefe.

## Kann man durch Bewegung achtsamer werden?

Die traditionellen Achtsamkeitsverfahren sind eher statisch, auch wenn der → MBSR-Kurs einfache Yogaübungen integriert. Doch nicht alle Menschen haben einen Zugang zu den statischen Verfahren. Für sie eignen sich eher bewegungsbasierte Formen, wie bestimmte Formen des Yogas, Tai-Chi, Qigong oder auch Feldenkrais.

Yoga beschreibt die Verbindung zwischen Körper, Geist und Seele – die Vereinigung mit dem Göttlichen ist das Ziel. Es gibt sehr viele verschiedene Yogarichtungen, bei allen sind Atem und Aufmerksamkeit zentral und durch die Körperübungen soll sich der Blick nach innen wenden. In manchen Stilen, aber bei weitem nicht in allen, folgen die Körperübungen einer bestimmten Sequenz. Zahlreiche Metaanalysen zeigen, dass die Effektivität unterschiedlicher Yogastile bei verschiedenen abhängigen Variablen in unterschiedlichen Patienten- und Bevölkerungsgruppen variiert. Man muss also genau schauen, welche Art von Yoga untersucht wurde, wie lange diese unterrichtet wurde und welcher Outcome gemessen wurde, wie z. B. Reduzierung des Stresses, Reduzierung der negativen Stimmung, Verbesserung der Rückengesundheit usw. Da es viele Unterschiede zwischen den Studien gibt, ist es schwer, eine einheitliche Aussage über die Effektivität von Yoga zu machen.

Unter einer weiteren achtsamkeitsbasierten Bewegungsform, Tai-Chi, einem Selbstverteidigungs-Bewegungsstil, der weltweit von 250 Millionen Menschen ausgeführt wird, versteht man standardisierte Bewegungsfolgen, die auf die Aspekte der Ruhe, Leichtigkeit, Langsamkeit, Gewissenhaftigkeit und Ausdauer fokussieren. Vergleicht man die Effektivität von Tai-Chi mit nicht achtsamen Bewegungsinterventionen

(z. B. Muskeltraining) zeigten sich in einer → Metaanalyse kleine, moderate Effekte des Tai-Chi-Trainings bezogen auf die Reduktion von Ängsten, Depressionen und allgemeinen mentalen Gesundheitsproblemen (Yin et al., 2023).
Bei Qigong handelt es sich um eine Progression von einer sehr ausladenden Bewegung hin zu einer internalen Bewegung, wie z. B. sich nur auf den eigenen Atem zu konzentrieren. Dabei steht der Energiefluss im Mittelpunkt. Der größte Unterschied zwischen Tai-Chi und Qigong besteht darin, dass beim Qigong die Energie mehr durch Achtsamkeit als durch Bewegung kontrolliert wird, hier steht die Vorstellung der Bewegung und die Abstimmung mit dem Atem im Vordergrund.
Zu den bewegungsbasierten Achtsamkeitsverfahren kann man auch im weitesten Sinne Feldenkrais zählen. Diese Form wurde von dem Naturwissenschaftler Dr. Moshe Feldenkrais entwickelt. Feldenkrais ist ein körperbezogenes Verfahren, mit dessen Hilfe Bewegungen und Körperhaltungen verbessert werden sollen.

**Literaturtipp** | Mehr Informationen zu den bewegten Achtsamkeitsverfahren finden Sie in diesem Buch: Jansen, P., Seidl, F., & Richter, S. (2018). *Achtsamkeit im Sport.* Heidelberg: Springer.

## Wie lässt sich ein guter Achtsamkeitslehrer oder eine gute Achtsamkeitslehrerin finden?

Was ist ein guter Achtsamkeitslehrer oder eine gute Achtsamkeitslehrerin? Sicherlich gibt es objektive Kriterien wie eine langjährige Meditationspraxis und eine qualifizierte Ausbildung. Anerkannte Ausbildungen sind die MBSR-Ausbildung nach Jon Kabat-Zinn oder auch das *Mindfulness-Meditation-Teacher-Certification*-Programm nach Jack Kornfield und Tara Brach. Die MBSR-Ausbildung, die an bestimmte Voraussetzungen gebunden ist, wie z. B. älter als 30 Jahre zu sein und eine zweijährige Meditationserfahrung zu haben, umfasst eine Dauer von mindestens einem Jahr. Sie beinhaltet mindestens 245 theoretische Unterrichtsstunden, die Teilnahme an einem Acht-Wochen-Kurs und die eigene Durchführung desselben, die Erstellung einer Abschlussarbeit und die Supervision. Seit 2019 differenziert der MBSR-MBCT Verband auch noch zwischen erfahrenen Lehrenden und Senior

Teacher. MBCT kombiniert die Kernelemente aus dem MBSR-Programm mit den Techniken der kognitiven Verhaltenstherapie.

Neben den formalen Anforderungen gilt zu beachten, dass es aber auch noch informelle Aspekte gibt, die sich nicht messen lassen. Passt der Achtsamkeitstrainer oder die Achtsamkeitstrainerin zu mir? Fühle ich mich in der Atmosphäre wohl? Oder fühle ich mich angespannt? Das sind alles Punkte, die man vorher nicht beurteilen kann, sondern die man während des Kurses beachten muss oder die sich im Rahmen des Vorgespräches zu einem ⟶ MBSR-Kurs herauskristallisieren. Dabei ist es meiner Meinung nach sehr wichtig, auf diese eher unterschwelligen Variablen zu achten.

**Linktipp** | Suchen Sie einen guten Achtsamkeitslehrer oder eine Achtsamkeitslehrerin, die z. B. eine MBSR-Ausbildung hat und auch anerkannt ist? Hier finden Sie eine Auswahl: https://www.mbsr-verband.de/kurse/privatpersonen

## Wie oft muss Achtsamkeit praktiziert werden, damit sich Effekte zeigen?

Für viele Menschen, die Achtsamkeit praktizieren, gehört die achtsame Übungspraxis zu einem täglichen Ritual wie das Zähneputzen. Das Üben ist dabei kein Muss, sondern etwas, was sich wie selbstverständlich in den täglichen Ablauf integriert hat. Auch bei der Teilnahme an einem ⟶ MBSR-Kurs gehört die tägliche Praxis von etwa 45 Minuten zu Hause dazu. Dabei kann man zwischen der formellen und informellen Praxis unterscheiden:

Die formelle Praxis inkludiert das Meditieren, das Durchführen eines Body-Scans und z. B. das achtsame Gehen. Zur informellen Praxis gehört es, dass man mit seiner Aufmerksamkeit genau dann da ist, wo man gerade ist, zum Beispiel beim achtsamen Essen oder Gehen.

In einer Befragung von 218 Menschen, die Achtsamkeit auf ganz unterschiedliche Art und Weise und Dauer und Häufigkeit praktizieren, konnte gezeigt werden, dass gerade die Häufigkeit, aber nicht die Dauer der informellen Praxis mit dem Wohlbefinden im positiven

Zusammenhang stand: Je häufiger Achtsamkeit informell praktiziert wurde, desto wohler fühlten sich die Praktizierenden. Ebenso stand nur die Häufigkeit, aber nicht die Dauer, der formellen Praxis mit dem psychologischen Wohlbefinden im Zusammenhang. Bei beiden Zusammenhängen war die → Effektstärke allerdings klein (Birtwell et al., 2019). Generell fehlen aussagekräftige Studien, die die Wirksamkeit der formellen und informellen Praxis auf unterschiedliche Outcomes im Detail untersuchen.

**Literaturtipp** | Dieser Artikel beschreibt eine Interventionsstudie über die Bedeutung der informellen Achtsamkeitspraxis: Shankland, R., Tessier, D., Gauchet, A., & Baeyens, C. (2021). Improving mental health and well-being through informal mindfulness practices: An intervention study. *Applied Psychology: Health and Well-Being, 13,* 63-83. https://doi.org/10.1111/aphw.12216

## Was ist das ReSource-Projekt?

Das ReSource-Projekt ist ein großangelegtes, von der EU finanziertes Forschungsprojekt zur Untersuchung verschiedener mentaler Trainingsprogramme auf zahlreiche Outcomes. Insgesamt nahmen über 300 erwachsene Teilnehmer und Teilnehmerinnen in vier Kohorten an drei jeweils drei Monate dauernden Trainingsmodulen teil (Affekt, Präsenz und Perspektive). Im Präsenzmodul wurde Aufmerksamkeit und interozeptives Gewahrsein, im Affektmodul Fürsorge, Mitgefühl, Dankbarkeit, soziale Motivation und Umgang mit schwierigen Emotionen und im Perspektivmodul Perspektivenübernahme auf das Selbst und auf andere und die Metakognition trainiert. Es wurden mehr als 90 Maße gemessen: zur Plastizität im Gehirn, zum subjektiven Wohlbefinden, zum Körperbewusstsein, zum prosozialen Verhalten und zur Kooperation, zum ökologisch validen Verhalten, zur Kognition, Emotion und zur sozialen Intelligenz. Es wurden biologische Marker, wie z. B. Kortisol zur Messung von Stress, genetische Marker und Umwelteinflüsse betrachtet. Die Ergebnisse sind sehr mannigfaltig und wurden in vielen wissenschaftlichen Veröffentlichungen präsentiert. Hier gehe ich nur auf den Effekt auf die Prosozialität ein, welche in altruistisch motivierte Verhaltensweisen, normativ motivierte Verhaltensweisen und selbstberichtete Prosozialität unterschieden werden kann.

Es zeigten sich differentielle Effekte des mentalen Trainings auf die Teilkomponenten der Prosozialität: Nur das Training von Fürsorge und Mitgefühl steigerte effektiv altruistisch motiviertes Verhalten. Für normorientiertes Verhalten wurden keine Effekte festgestellt. Die selbstberichtete Prosozialität nahm mit allen Trainingsmodulen zu; dieser Anstieg stand jedoch in keinem Zusammenhang mit Veränderungen in aufgabenbasierten Messungen des altruistischen Verhaltens (Böckler et al., 2018). An diesem Beispiel wird deutlich, dass die unterschiedlichen Trainingsprogramme selbst auf verschiedene Aspekte eines Konstruktes, in diesem Fall der Prosozialität, differenziert wirken.

**Linktipp** | Zahlreiche Informationen über das ReSource-Projekt findet sich auf der privaten Homepage von Dr. Tania Singer: https://taniasinger.de/de/das-resource-project/

## Folgen achtsamen Verhaltens

Die Wirkmechanismen der Achtsamkeit sind primär die Aufmerksamkeits- und die Emotionskontrolle. Es verwundert also nicht, dass Personen sich erhoffen, nach einer Achtsamkeitspraxis aufmerksamer zu werden und ihre Emotionen besser kontrollieren zu können, was letztendlich zu einer Stressreduktion führen kann. Kann Achtsamkeit nur negative Folgen abmildern oder sogar positive Emotionen fördern? Die Wirkmechanismen der Achtsamkeit werden hier ausführlicher beschrieben.

## Lässt sich durch Achtsamkeit die Aufmerksamkeitsleistung steigern?

Die Aufmerksamkeitskontrolle ist ein wesentlicher Wirkmechanismus der Achtsamkeit. Doch was heißt das genau? Aufmerksamkeit bezieht sich immer darauf, wie wir bestimmte Informationen aus der Umwelt aufnehmen. Dabei kann die Aufmerksamkeit selektiv oder auch geteilt sein.

Unter einer selektiven Aufmerksamkeit versteht man die Fähigkeit, auf einen ganz bestimmten Reiz zu reagieren und andere Reize, die irrelevant sind, zu ignorieren. Sind wir „geteilt" aufmerksam, versuchen wir die Aufmerksamkeit auf zwei Reize gleichzeitig zu lenken – was oftmals mit mehr Kosten verbunden ist, als die Dinge nacheinander zu erledigen. Die Aufmerksamkeit über einen längeren Zeitraum aufrechtzuerhalten, kann auch als Vigilanz oder Wachheit bezeichnet werden. Generell konnte experimentell nachgewiesen werden, dass kurze Achtsamkeitsinterventionen bei naiven Versuchspersonen und bei erfahrenen Meditierenden zu einer kurzzeitig verbesserten Aufmerksamkeitsleistung führten. Außerdem zeigten Menschen mit einem hohen Wert in der → dispositionalen Achtsamkeit und da insbesondere in der Skala „Mit Bewusstsein handeln" ebenfalls eine hohe Aufmerksamkeitsleistung. Im Detail konnte auch nachgewiesen werden, dass die Aufmerksamkeitsleistung höher war, wenn häufiger geübt wurde, aber nicht, wenn die Dauer innerhalb einer Übungseinheit gesteigert wurde (Verhaeghen, 2021). Bei erfahrenen Meditierenden spielt die Art der Meditation und auch die Jahre, wie lang sie praktiziert wurde, keine Rolle. Allerdings zeigte sich ein positiver Effekt nur bei der selektiven Aufmerksamkeit. Generell ließen sich geringe unterschiedliche Ergebnisse aufgrund des Aufmerksamkeitstestverfahrens, welches gewählt wurde, nachweisen.

**Literaturtipp** | Verhaeghen, P. (2021). Mindfulness as attention training: Meta-analyses on the links between attention performance and mindfulness intervention, long-term meditation practice, and trait mindfulness. *Mindfulness, 12,* 564-581. https://doi.org/10.1007/s12671-020-01532-1

## Macht Achtsamkeit schlau?

Viele Menschen möchten die Achtsamkeitspraxis zur kognitiven Leistungssteigerung nutzen, vielleicht möchten sie dadurch schlauer werden. Wenn man von „schlau sein“ redet, meint man die kognitiven Fähigkeiten, die von der Wahrnehmung, über die Aufmerksamkeitsleistung, das Arbeits- und Langzeitgedächtnis, die räumliche Informationsverarbeitung, das Denken und Problemlösen, bis hin zur sprachlichen Verarbeitung reichen und noch viele andere Aspekte beinhalten können. Darüber hinaus lässt sich jeder der genannten Aspekte noch weiter differenzieren. So gibt es z. B. bei der Beschreibung des Langzeitgedächtnisses zahlreiche Dichotomien. Eine Dichotomie ist die zwischen dem deklarativen und prozeduralen Gedächtnis. Faktenwissen wird eher im deklarativen Gedächtnis gespeichert, während das prozedurale Gedächtnis Informationen über Handlungen beinhaltet.

Es gibt also kein generelles Schlau-Sein. Und deswegen kann die Frage, ob Achtsamkeit schlau macht, nicht so einfach beantwortet werden, sondern immer nur bezogen auf Teilbereiche der kognitiven Fähigkeiten. Dies gilt natürlich nicht nur für den Effekt einer Achtsamkeitsintervention, sondern auch für die Frage danach, ob andere Arten von Interventionen, wie z. B. musikalische oder sportliche Interventionen (Jansen & Richter, 2016), die kognitiven Fähigkeiten verbessern können.

Bezogen auf die Aufmerksamkeitsleistung wurde die Bedeutung eines Achtsamkeitstrainings schon bei der vorherigen Frage beantwortet. Zu den bekannten kognitiven Fähigkeiten, die häufig untersucht werden, gehören die so genannten Exekutiven Funktionen, die das Arbeitsgedächtnis (d. h. die kurzfristige Speicherung von Informationen), die → Inhibitionsfähigkeit (d. h. die Fähigkeit, auf etwas Relevantes zu reagieren und etwas Irrelevantes zu ignorieren) und die kognitive Flexibilität umfassen. Diese Exekutiven Funktionen sind grundlegend, weil sie z. B. auch für „höhere“ kognitive Fähigkeiten wie das Problemlösen wichtig sind. Hier zeigte sich in einer → Metaanalyse, dass ein gruppenbasiertes Achtsamkeitstraining einen kleinen positiven Effekt auf die Exekutiven Funktionen hat (Millett et al., 2021). Dennoch beschreiben die Autoren und Autorinnen, dass es in den Studien auch ein Verzerrungsrisiko gibt und dass noch viele weitere Studien folgen müssen, damit man gesicherte Aussagen treffen kann.

**Literaturtipp** | In diesem Paper wird auf den möglichen positiven Einfluss eines Achtsamkeitstrainings auf das Arbeitsgedächtnis eingegangen und auch auf die Mechanismen, durch die es wirken könnte. Das Arbeitsgedächtnis, als ein Teil der Exekutiven Funktionen, ist ein wesentlicher Bestandteil vieler höherer kognitiven Funktionen.

Jha, A. P., Denkova, E., Zanesco, A. P., Witkin, J. E., Rooks, J., & Rogers, S. L. (2019). Does mindfulness training help working memory 'work' better? *Current Opinion in Psychology, 28,* 273-278. https://doi.org/10.1016/j.copsyc.2019.02.012.

## Macht Achtsamkeit kreativer?

Definitionen von Kreativität gibt es viele; ganz allgemein könnte man Kreativität etwa als die Fähigkeit, etwas Originelles und im weiteren Sinne Nützliches zu schaffen, bezeichnen. In der frühen psychologischen Forschung wurde Kreativität oft mit dem divergenten Denken assoziiert, dem Denken, offen an Probleme heranzugehen und viele Lösungsmöglichkeiten in Erwägung zu ziehen. Dabei wird von einem Zusammenhang zwischen Achtsamkeit und Kreativität ausgegangen (Henriksen et al., 2020), wobei es verschiedene Variablen gibt, sogenannte Moderatorvariablen, die auf diesen Zusammenhang zumeist positiv, aber auch negativ wirken können. So verbessert Achtsamkeit die Fähigkeit einer Person, sich zu konzentrieren, und sie vermindert die Angst davor, beurteilt zu werden. Die Angst davor, von anderen für kreative Ideen ver- oder beurteilt zu werden, kann den kreativen Prozess verhindern. Daher kann man sagen, dass, wenn die Bedeutung des Bewertens abnimmt, der Mut steigt, kreativ zu sein. Achtsamkeit fördert auch das offene Denken und reduziert das aversive selbstbezogene Denken (z. B. „Das schaffe ich nie“).

Ein wichtiger Faktor bei der Beschreibung des Zusammenhanges zwischen Achtsamkeit und Kreativität ist auch das sogenannte *Mind-Wandering*, das Umherschweifen der Gedanken. Zum einen scheint das Umherschweifen der Gedanken im Widerspruch zur Achtsamkeit zu stehen, zum anderen korreliert es aber positiv mit der Kreativität (Henriksen et al., 2020). In einer Studie konnte jedoch auch gezeigt werden, dass Achtsamkeit und der Zustand des Umherschweifens der Gedanken sich nicht per se ausschließen müssen: So sagten Achtsamkeit und Mind-Wandering kreatives Verhalten allein als auch in Kombination voraus. Dabei kommt es jedoch auch auf die Art des Umherschweifens der Gedanken an: Ein bewusstes Umherschweifen der Gedanken sagte die kreative Leistung positiv voraus, ein spontanes Umherschweifen war negativ mit der kreativen Leistung verbunden. Daraus kann man vorsichtig schließen, dass das bewusste

Abschweifen der Gedanken für die kreative Arbeit hilfreich sein kann. Vorsichtig deshalb, weil es sich bei der Studie von Agnoli et al. (2018) nicht um eine Interventionsstudie gehandelt hat.

Man muss auch genau untersuchen, welche Form der Achtsamkeitspraxis auf die Kreativität wirkt: So soll die Praxis der *Open-Monitoring Meditation,* bei welcher jeder Gedanke und jede Empfindung beobachtet und beachtet werden, ohne sich auf ein bestimmtes Objekt zu konzentrieren, die Kreativität fördern, während sich bei der *Focused-Attention Meditation,* bei welcher man sich auf eine bestimmte Aufgabe oder ein Objekt konzentriert, z. B. auf den Atem, kein positiver Effekt zeigte bzw. diese sogar für die Kreativität hinderlich sein konnte.

**Literaturtipps** | In zwei Metaanalysen wurde die Beziehung von Achtsamkeitstrainings und der Kreativität untersucht. In dieser Metaanalyse wurden korrelative Studien betrachtet: Lebuda,I., Zabelina, D.L., Karwowski, M. (2016). Mind full of ideas: A meta-analysis of the mindfulness–creativity link. *Personality and Individual Differences, 93,* 22-26. ht tps://doi.org/10.1016/j.paid.2015.09.040.
Und in jener Metaanalyse wurde auf die Interventionsstudien fokussiert: Hughes, Z., Ball, L.J., Richardson, C. & Judge, J. (2023). A meta-analytical review of the impact of mindfulness on creativity: Framing current lines of research and defining moderator variables. *Psychonomic Bulletin & Review,* 30, 2155-2186. https://doi.org/10.3758/s13423-023-02327-w

## Verändert sich das eigene Körperbild durch ein Achtsamkeitstraining?

Die Wahrnehmung des Ist-Zustandes, ohne ihn zu bewerten, ist ein besonders wichtiger Baustein der Achtsamkeitspraxis. Dies gilt auch für den körperlichen Ist-Zustand. Ein Element der → MBSR-Praxis ist der Body-Scan, eine Art Reise durch den Körper, die die Wahrnehmung der Körperempfindungen beinhaltet, und zwar nur die Wahrnehmung und nicht die Bewertung (→ Wie läuft ein Body-Scan im Detail ab?).

Das in der Gesellschaft vorherrschende und durch Social Media verbreitete Schönheitsideal trägt oft dazu bei, dass wir den Körper häufig bewerten. Gerade Frauen scheinen im Vergleich zu Männern eine größere Unzufriedenheit mit ihrem eigenen Körper zu besitzen. Ob sich das Körperbild durch ein Achtsamkeitstraining verändert, ist schwer zu sagen. Dies liegt hauptsächlich daran, dass das Körperbild komplex ist, und auch eine einheitliche Definition schwerfällt. Das Körperbild umfasst das Wissen, die Gedanken und die Gefühle um den Körper, aber auch die Einstellungen. Es ist immer subjektiv. Wenn es jedoch sehr verzerrt ist, spricht man von einer Körperbildstörung, die bei manchen Essstörungen auftritt. Hier zeigen Arbeiten, dass eine Achtsamkeitsintervention bei Menschen mit problematischem Essverhalten helfen kann, Bedenken gegenüber dem eigenen Körperbild zu mindern.

Dennoch fehlen weitere Studien mit einer ausreichenden Versuchspersonenanzahl, die diese Wirkung bei gesunden → Probanden und Probandinnen untersuchen und bei Patienten und Patientinnen untermauern. Man könnte auch sagen, dass die positive Wirkung der Achtsamkeit auf das Körperbild nahe liegt, dass aber die empirische Evidenz fehlt.

Anders ist es mit dem Körperbewusstsein, also dem Bewusstsein über die körperlichen Vorgänge, welches eher wahrnehmungsbasiert ist. Hier zeigte sich, dass es einen kleinen Zusammenhang gibt, zwischen Achtsamkeitsinterventionen in randomisiert-kontrollierten Studien, und der Genauigkeit, innere Körpersignale, wie z. B. den Herzschlag wahrzunehmen. Somit scheint eine Achtsamkeitsintervention eher auf körperwahrnehmungsbasierte als auf kognitive, auf den Körper bezogene, Prozesse zu wirken (Treves et al., 2019).

**Tipp** | Im Kapitel über den Body-Scan habe ich schon einen Tipp für einen – wie ich finde – sehr schönen Body-Scan gegeben. Aber suchen Sie in YouTube doch einmal selbst! Vielleicht gefällt Ihnen ein anderer Body-Scan noch viel besser.

## Welche wissenschaftliche Evidenz gibt es zum Zusammenhang zwischen Achtsamkeit und Emotionsregulation?

In den anfänglichen Kapiteln wurde schon erwähnt, dass ein Aspekt, auf welchen Achtsamkeit wirkt, die Emotionsregulationsfähigkeit ist. Die Emotionen zu regulieren bedeutet z. B., die Dauer, die Intensität, und den Ausdruck von Emotionen zu beeinflussen. Dafür können bestimmte Strategien angewandt werden; zwei sehr bekannte Strategien sind die Unterdrückung (Suppression) und die kognitive Neubewertung. So kann bei letzterem eine Situation, die vielleicht Ärger hervorruft, einfach anders bewertet werden. Wenn man einen Anschlusszug verpasst hat, ist es vielleicht eine Möglichkeit am Bahnhof nach einem Buch zu stöbern, welches man schon immer gerne mal lesen wollte.

Aber wie kann Achtsamkeit als Eigenschaft nun mit der Emotionsregulation zusammenhängen?

Hier haben Wenzel et al. (2020) gezeigt, dass der Achtsamkeitsaspekt der nicht wertenden Akzeptanz signifikant im Zusammenhang mit einem geringen Gebrauch von Emotionsregulationsstrategien stand. Ein Achtsamkeitstraining, welches auf die Aufmerksamkeit und das Bewusstsein im jetzigen Moment fokussierte, beeinflusste die → Emotionsregulation nicht. Die Akzeptanzkomponente der Achtsamkeit ist sehr wichtig, die Akzeptanz der eigenen Gedanken und Emotionen verringert die Notwendigkeit, sie aktiv zu ändern, was wiederum die Person in die Lage versetzt, affektiv nützlichere Dinge zu tun als eine anstrengende Emotionsregulation anzuwenden. In dieser Studie wurde die Methode des Längsschnittlichen *Ambulatory Assessment* genutzt, d. h. die Teilnehmer und Teilnehmerinnen erhielten in diesem Fall über 40 Tage sechs zufällig verteilte Signale pro Tag zwischen 10 und 20 Uhr. Bei jedem Signal wurden den Teilnehmern und Teilnehmerinnen Fragebögen vorgelegt, in denen ihre momentanen Emotionen, die Verwendung von Strategien zur Emotionsregulation, zur Achtsamkeit sowie zur Selbstkontrolle, wie z. B. Verlangen und Widerstand, abgefragt wurden. Darüber hinaus nahmen die Teilnehmer und Teilnehmerinnen an wöchentlichen Sitzungen zur Achtsamkeit teil.

In einer anderen korrelativen Studie konnte gezeigt werden, dass es zwischen bestimmten Achtsamkeitsfacetten und den Strategien zur Emotionsregulation drei Beziehungscluster gab:

1. ein Cluster zur achtsamen Emotionsregulation, bei dem die Achtsamkeitsaspekte Beschreiben und Nichtreagieren positiv mit Aufarbeitung und Akzeptanz zusammenhingen;
2. ein Cluster zur Unterdrückung und Nichtreagieren, bei dem die Aspekte Beschreiben und Nichtreagieren negativ bzw. positiv mit der Unterdrückung des Gefühlsausdrucks bzw. der Unterdrückung des emotionalen Erlebens verbunden waren;

3. ein Cluster zur negativen Selbstbeobachtung, bei dem Beobachten und Nichturteilen positiv bzw. negativ mit Grübeln zusammenhingen (Iani et al., 2019).

Dies bedeutet, dass sich auch je nach methodischer Erhebung die Befunde zum Zusammenhang zwischen Achtsamkeit und Emotionsregulation unterscheiden. Hierdurch wird deutlich, wie sehr die Ergebnisse von der angewendeten Methodik abhängig sind.

**Literaturtipp** | Eine gute Einführung in die Emotionsregulation findet man hier: Brandstätter, V., Schüler, J., Puca, R.M., & Lozo, L. (2018). *Emotionsregulation.* In Brandstätter, V., Schüler, J., Puca, R.M., & Lozo, L (Eds.). Motivation und Emotion (Seiten: 221-238). Berlin: Springer.

## Macht Achtsamkeit resilienter?

Ebenso wie der Begriff der Achtsamkeit wird der Begriff der Resilienz in der heutigen Zeit häufig verwendet, gerade auch im Arbeits- oder Studierendenkontext. Resilienz bezeichnet die Widerstandsfähigkeit, die Fähigkeit, mit schwierigen Situationen gut umgehen zu können. Da wir im Leben immer wieder mit Widrigkeiten konfrontiert werden, ist die Resilienz eine wichtige Fähigkeit im Leben.
Resilienz ist ein Prozess, der durch verschiedene vorbestimmte Faktoren geprägt ist, sich aber auch entwickeln kann und darüber hinaus Anpassungsvorgänge enthält.
Die Resilienz und die → dispositionale Achtsamkeit teilen gemeinsame Konzepte: Auf der einen Seite bedingt Achtsamkeit die nicht wertende Akzeptanz der inneren und externen Erfahrungen, auf der anderen Seite erlaubt Resilienz eine akzeptierende Haltung gegenüber den Lebenserfahrungen zu haben, welche ein Schlüsselfaktor für Flexibilität und Adaptabilität ist. Man könnte annehmen, dass die Resilienz bei achtsamen Menschen stärker ausgeprägt ist, da diese oftmals weniger grübeln und sich weniger Sorgen machen und sich von Gedanken und Emotionen weniger überwältigen lassen.

In einer → Metaanalyse wurde die Beziehung zwischen Achtsamkeit und Resilienz bei Studierenden in unterschiedlichen Ländern zusammengefasst. Es konnte ein moderater, d. h. mittlerer Effekt, nachgewiesen werden. Diese Beziehung war nicht durch den kulturellen Hintergrund, die wirtschaftliche Situation in dem Land und das Messinstrument für Resilienz beeinflusst, allerdings hatte es einen Einfluss, wie die dispositionale Achtsamkeit gemessen wurde. Die beiden wichtigsten Achtsamkeitsdimensionen für die Resilienz der Studierenden waren die Facetten mit Bewusstsein handeln und das Nichtreagieren. Die Facette des Beobachtens zeigte nur eine geringe Korrelation (Liu, Wang et al., 2022). Die Unabhängigkeit der Korrelation zwischen Resilienz und Achtsamkeit vom kulturellen und wirtschaftlichen Hintergrund deutet darauf hin, dass es sich um eine universale Beziehung handelt.

**Literaturtipp** | In diesem Buch werden die Konzepte und die Forschungsergebnisse zur Resilienz verständlich dargestellt: Fröhlich-Gildhoff, K., & Rönnau-Böse, M. (2022). *Resilienz*. München: UTB.

## Macht Achtsamkeit glücklich?

Viele Menschen streben danach, glücklich zu sein. Doch was bedeutet „Glücklich sein" überhaupt? Hier muss man sicherlich zwischen Glücksbegriffen differenzieren, die sich eher auf die kurzfristige Erfüllung inklusive der freudigen Emotionen (hedonistisch) bzw. auf ein langfristig erfülltes Leben durch die Einhaltung bestimmter Werte beziehen (eudämonistisch). Daneben gibt es auch noch die Differenzierung in eine kognitive und emotionale Komponente des Glücks sowie den Begriff des Flourishings, welcher so viel wie Aufblühen, einen Zustand voller positiver Emotionen und des kompletten Wohlbefindens, bedeutet.

Macht ein Achtsamkeitstraining nur im Moment glücklicher oder hilft es zu einem dauerhaft erfüllten Leben beizutragen?

Tatsächlich hat sich gezeigt, dass ein Achtsamkeitstraining dazu beitragen kann, eine positive Stimmung aufrecht zu halten (Rowland et al., 2020), was für einen kurzfristigen Effekt spricht. Diese kurzfristigen positiven Effekte können sich natürlich aufsummieren und auch zu einem länger anhaltenden Wohlbefinden beitragen. So konnte nachgewiesen werden, dass ein → MBSR-Training auch die Lebensqualität gesunder Individuen verbessern kann (Khoury et al., 2015).

Aber hier ist ein Punkt sehr wichtig, den man nicht vergessen darf: An den Studien beteiligen sich nur Menschen, die freiwillig teilnehmen möchten. Dies ist eins der wichtigsten ethischen Prinzipien bei der Durchführung von Interventionsstudien. Das heißt aber auch, dass man bei all den Interventionsstudien eine Verzerrung hat – Menschen, die keine Affinität zur Achtsamkeit haben, würden nicht in Erwägung ziehen, an solch einer Untersuchung teilzunehmen. Dies ist eine Kritik, die natürlich auch viele andere Interventionsstudien betrifft: Beispielsweise nehmen an sportlichen Interventionen meistens nur Menschen teil, die sich zum Sport hingezogen fühlen.

Die Menschen sind unterschiedlich: Manche Menschen gehen lieber schwimmen oder tüfteln an schwierigen Programmieraufgaben. Da gilt es immer, den eigenen Weg zu finden, Achtsamkeit ist kein Allheilmittel – aber vielleicht kann sie eine Möglichkeit sein, sich bewusst zu werden, welches der eigene Weg zum Glück ist.

**Literaturtipp** | In einem systematischen Review wurden die in den Medien erwähnten Strategien, um glücklich zu werden, genau untersucht. Das Fazit ist, dass die wissenschaftliche Lage bei weitem nicht so klar ist, wie es in den Medien dargestellt wird. Es fehlen weiterhin Studien mit einer großen Anzahl von Versuchspersonen und mit einer Präregistrierung! Folk, D. & Dunn, E. (2023). A systematic review of the strength of evidence for the most commonly recommended happiness strategies in mainstream media. *Nature Human Behaviour,* 7, 1697-1707. https://doi.org/10.1038/s41562-023-01651-4

## Wird man durch eine Achtsamkeitspraxis egoistischer und zieht eine Achtsamkeitspraxis narzisstisch veranlagte Menschen an?

Durch eine regelmäßige Achtsamkeitspraxis lernt man u. a., sich und seinen Körper bewusst wahrzunehmen, sich zu entspannen, auf sich zu achten. Führt das nun auch dazu, dass man insgesamt egoistischer wird, weil man ja mehr auf sich und sein Wohlbefinden achtet? Zieht eine Achtsamkeitspraxis narzisstisch veranlagte Menschen womöglich sogar an?

Narzissmus als Persönlichkeitsmerkmal lässt sich in die grandiose und vulnerable Form unterscheiden. Menschen mit diesem Persönlichkeitsmerkmal halten sich bei beiden Formen für etwas Besonderes, sie haben Größenfantasien und sind sehr selbstbezogen, meist auch empathielos. Bei der grandiosen Form zeigen die Menschen ihre Bedeutung jedoch auch nach außen, Menschen mit der vulnerablen narzisstischen Persönlichkeitseigenschaft sind eher stiller und vermeiden soziale Bewertungssituationen. Der Zusammenhang zwischen der grandiosen Form des Narzissmus und der Achtsamkeit als Eigenschaft wurde in einer Studie differenziert untersucht (Fatfouta & Heinze, 2023). In dieser Studie wurde zwischen dem eher handlungsorientierten („agentic") Aspekt des Narzissmus, der darauf abzielt, das Selbst zu verbessern und dem antagonistischen Narzissmus, der die Tendenz hat, die eigene Person vor vermeintlichen Bedrohungen zu schützen, differenziert. Die Ergebnisse zeigen, dass der handlungsorientierte Aspekt des Narzissmus positiv mit der Eigenschaft Achtsamkeit zusammenhängt, und die antagonistische Form des grandiosen Narzissmus negativ mit der Eigenschaft Achtsamkeit korreliert. Dies bedeutet, dass hohe Werte auf der antagonistischen Narzissmus Skala mit geringen Werten auf der Achtsamkeitsskala einhergehen und umgekehrt.

In einer Serie von fünf Experimenten untersuchten Schindler und seine Kollegen (2019), ob kurze Achtsamkeitsübungen einen Effekt auf das moralische Verhalten, welches mit unterschiedlichen experimentellen Paradigmen untersucht wurde, hatten. Sie konnten zeigen, dass diese kurzen Übungen zu einer Abschwächung des positiven moralischen Verhaltens in Situationen, die einen Schaden hervorrufen können, nach sich zogen. Die Autoren erklären dies dadurch, dass ein Mechanismus der Achtsamkeitsintervention die → Emotionsregulation ist und ein regulatorischer Prozess die Veränderung der Bewertung des Reizes ist. Durch die kurzen Achtsamkeitsinterventionen kann es dazu gekommen sein, dass der nicht wertende Aspekt der Achtsamkeit dafür verantwortlich ist, moralische Reaktionen in Situationen abzuschwächen, die typischerweise moralische Emotionen wie ein schlechtes Gewissen auslösen.

Wie stehen diese Ergebnisse aber nun im Einklang mit anderen Arbeiten, wie z. B. der Metaanalyse von Donald et al. (2019)? In ihrer zusammenfassenden Arbeit untersuchten sie, ob a) Achtsamkeit und prosoziales Verhalten zusammenhingen und b) Achtsamkeitsinterventionen einen Effekt auf das prosoziale Verhalten haben, also ein Verhalten, das positiv für die anderen, und weniger egoistisch ist. Die Ergebnisse zeigen, dass Achtsamkeit als Eigenschaft (oder auch → dispositionale Achtsamkeit oder Achtsamkeit als Trait) mit einem mittleren-großen Effekt mit prosozialem Verhalten zusammenhing. Dabei war der Effekt bei Erwachsenen größer als bei Jugendlichen, und er hing von der Messung des prosozialen Verhaltens ab.

Darüber hinaus konnten sie zeigen, dass mit einer mittleren → Effektstärke, achtsamkeitsbasierte Interventionen prosoziales Verhalten fördern können. Dabei zeigten Achtsamkeitsinterventionen, in denen prosoziale Emotionen gefördert wurden, keine größeren Effekte als Interventionen, die achtsamkeitsbasiertes Gewahrsein schulten. Wie lassen sich nun diese Ergebnisse mit den Ergebnissen von Schindler und seinen Kollegen (2019) in Einklang bringen? Zunächst einmal ist festzuhalten, dass die Studie von Schindler et al. (2019) in die → Metaanalyse nicht mit eingeflossen ist, da sie wahrscheinlich zeitgleich entstanden ist und moralisches Verhalten mit prosozialem Verhalten nicht gleichzusetzen ist, welches sich auch in den unterschiedlichen Maßen äußert. Darüber hinaus flossen in die Metaanalyse von Donald et al. (2019) 21 Interventionsstudien ein, die zwischen sehr kurzer Dauer (fünf bis zehn Minuten) bis zu sehr langer Dauer (224 Stunden) variierten.

Macht die Praxis von Achtsamkeit denn jetzt egoistischer? Wie so oft kann die Wissenschaft nur sagen, dass es keine einfache Antwort gibt. Die Beantwortung der Frage hängt unter anderem sehr davon ab, was man unter Egoismus überhaupt versteht und wie man diesen erfasst.

**Linktipp** | Eine in meinen Augen sehr nett gemachte Einführung in die Psychologie des Narzissmus: https://www.ted.com/talks/w_keith_campbell_the_psychology_of_narcissism

# Achtsamkeit und Gesundheit

Ein westliches Achtsamkeitsprogramm wurde von Jon Kabat-Zinn als Stressreduzierungsprogramm für gesunde Menschen entwickelt. Die Fragen, die in diesem Kapitel behandelt werden, beschäftigen sich mit den Bereichen Achtsamkeit bei chronischen Erkrankungen, bei Körperbildstörungen und bei Depressionen.

## Kann ein Achtsamkeitstraining Stress reduzieren?

Unter Stress kann man eine Situation verstehen, in welcher man angespannt ist, und die man über einen längeren Zeitraum als bedrohlich empfindet – eine Situation, die man vermeiden oder aus der man fliehen würde. Somit ist Stress für uns oft negativ besetzt. Gerade das → MBSR-Programm wurde entwickelt, um zu lernen, mit diesem oftmals negativ besetzten Stress umzugehen. Mittlerweile liegen auch viele → Metaanalysen vor, die die Wirkung eines Achtsamkeitstrainings für verschiedene Gruppen nachweisen, wie z. B. für Patienten und Patientinnen, für das Pflegepersonal oder für Soldaten und Soldatinnen, also Gruppen, von denen man weiß, dass sie enormen Belastungen ausgesetzt sind.
Aber warum bewirkt ein Achtsamkeitstraining eine Stressreduktion? Einer der Gründe hierfür ist, dass man lernt, die stressvolle Situation erst einmal wahrzunehmen, ohne sie zu bewerten. Wie fühlt sich der Stress im Körper an und welche Gedanken tauchen auf? Das Bewusstwerden der Gedanken und Gefühle ermöglicht es, im jetzigen Moment zu sein, ohne an die Zukunft zu denken oder in der Vergangenheit zu verweilen. Ebenso lernt man, nicht direkt impulsiv zu reagieren. Damit wird das Hochschrauben der Stressspirale verhindert. Ein Zitat, welches dem Philosophen und Psychoanalytiker Viktor Frankl oft zugeschrieben wird, aber von einem unbekannten Autor ist[5], ist hier recht treffend:

> „Zwischen Reiz und Reaktion liegt ein Raum. In diesem Raum liegt unsere Macht zur Wahl unserer Reaktion. In unserer Reaktion liegen unser Wachstum und unser Glück".

Wir können nichts am Reiz ändern, aber wir können etwas an unserer Reaktion ändern! Manchmal stresst es uns aber auch, weil wir uns von unseren alten Gewohnheiten nicht frei machen können. Wie oft scrollen wir durch irgendein Social-Media-Programm und vergleichen uns mit anderen? Die Achtsamkeitspraxis kann helfen, alte Muster zu durchbrechen und uns die Fähigkeit geben, auch in stressreichen Situationen nicht in alte Muster zu verfallen.

5 http://www.viktorfrankl.org/e/quote_stimulus.html

**Linktipp** | Ich empfehle sehr gerne einen guten Ted-Talk von Prof. Dr. Judson Brewer zum Umgang mit schädigenden Gewohnheiten: https://www.ted.com/talks/judson_brewer_a_simple_way_to_break_a_bad_habit?language=de

## Kann ein Achtsamkeitstraining Migräne lindern?

Eine Migräne äußert sich durch mäßige bis starke Kopfschmerzen, die oft nur auf einer Seite des Kopfes auftreten. Die Schmerzen können sich bei Bewegungen verstärken und von Übelkeit und Erbrechen begleitet sein, ebenso von einer hohen Lichtempfindlichkeit. Die Anfälle können zwischen einigen Stunden und wenigen Tagen dauern. Die Prävalenz für Migräne bei Studierenden ist gestiegen und liegt bei 19 %, wobei sie für weibliche Studierende höher als für männliche Studierende ist (Flynn et al., 2023). Die Migräne wird hauptsächlich medikamentös behandelt, so dass sich die Frage nach der Wirkung nicht medikamentöser Verfahren stellt. Hier gibt es bereits bestimmte achtsamkeitsbasierte Verfahren, die speziell für Migräne konzipiert wurden, wie die achtsamkeitsbasierte Kognitive Therapie für Migräne (MBCT-M), durch die die Kopfschmerzsymptomatik gelindert werden kann. MBCT-M ist eine Gruppenintervention, die Achtsamkeitsübungen, Gruppendiskussionen und häusliche Übungen umfasst. Im Mittelpunkt steht nicht die Schmerzreduktion, sondern eher das Erlernen der Fähigkeit, eine nicht wertende Haltung zum Leben mit den Schmerzen einzunehmen, also eine Schmerzakzeptanz zu entwickeln. Dabei scheinen beide Komponenten der Schmerzakzeptanz, die Schmerzbereitschaft und das Aktivitätsengagement, zur Schmerzreduktion beim Auftreten der Migräne sehr wichtig zu sein. Die Schmerzbereitschaft bezieht sich auf die Fähigkeit zu akzeptieren, dass der eigene Schmerz nicht durch Vermeidung oder Kontrolle behoben werden kann. Das Aktivitätsengagement beschreibt die Bereitschaft, sich trotz Schmerzen an Aktivitäten zu beteiligen (Best et al., 2024).

**Literaturtipp** | Diese Arbeit gibt eine gute Zusammenfassung über die Auftretenshäufigkeit von Migräne bei Studierenden: Flynn, O., Fullen, B. M., & Blake, C. (2023). Migraine in university students: A systematic review and meta-analysis. *European Journal of Pain, 27(1)*, 14-43. https://doi.org/10.1002/ejp.2047.

## Hilft ein Achtsamkeitstraining beim Umgang mit einer chronischen Erkrankung?

Ab dem mittleren Erwachsenenalter von 45 Jahren nimmt die Prävalenz für chronische, d. h. überdauernde Erkrankungen im Mittel stetig zu. Hierzu gehören

- Herz-Kreislauf-Erkrankungen,
- Lungen-Erkrankungen,
- Krebserkrankungen.

Ein Achtsamkeitstraining birgt die Hoffnung, in irgendeiner Form heilsam für die Erkrankungen zu sein. In diesem Zusammenhang konnte in einem systematischen Review und einer → Metaanalyse gezeigt werden, dass achtsamkeitsbasierte Therapien, hierzu zählen z. B. das MBSR-Programm, die achtsamkeitsbasierte Kognitive Therapie (MBCT) und die achtsamkeitsbasierte Krebsgenesung (MBCR), bei Krebspatienten und -patientinnen Symptome der Ängstlichkeit, Depression und der Müdigkeit (Fatigue) im Vergleich zu einer Kontrollgruppe reduzieren können (Chayadi, 2022). Dieser Effekt zeigte sich sogar noch drei Monate nach der Intervention bezogen auf die Reduktion der Ängstlichkeit und der Müdigkeit. Diese Arbeit hat gezeigt, dass Achtsamkeitsprogramme bei Krebspatienten und -patientinnen gut anwendbar sind und vielversprechende Vorteile für eine psychische Genesung bieten.

In einer weiteren Studie wurde die Effektivität von Elementen aus der Kognitiven Verhaltenstherapie und aus Achtsamkeitsinterventionen auf die Lebenszufriedenheit bei Patienten und Patientinnen mit Morbus Crohn untersucht (Regev et al., 2023). Morbus Crohn ist eine entzündliche Darmerkrankung und durch wiederkehrende Symptome wie Bauchschmerzen, Durchfall oder Müdigkeit gekennzeichnet. Die Ergebnisse zeigten, dass die Patienten und Patientinnen, die die kombinierte Therapie erhalten haben, signifkant niedrigere Stresswerte und eine höhere Lebenszufriedenheit als die Patienten und Patientinnen, die die normal Therapie bekamen, zeigten.

Für andere chronische Erkrankungen, wie z. B. für die chronisch obstruktive Lungenerkrankung (COPD), bei welcher die Lunge geschädigt ist und die Atemwege verengt sind, sind die Befunde bei weitem nicht so eindeutig bzw. die Anzahl der Studien ist wesentlich geringer. In den fünf Studien zu diesem Krankheitsbild, welches mit Atemnot insbesondere unter Belastung, chronischem Husten und Auswurf einhergeht, zeigten sich keine Veränderungen im Stress- und Angstlevel und den Atemsymptomen. Hier fehlt es sicherlich an weiteren qualifizierten Studien mit einer größeren Anzahl an teilnehmenden Patienten und Patientinnen (Clari et al., 2020).

**Linktipp** | Sehr gerne empfehle ich einen fundierten psychoonkologischen Online-Kurs speziell für Brustkrebspatientinnen basierend auf der Akzeptanz-Commitment Therapie. https://pink-brustkrebs.de/aktiv-gegen-brustkrebs/pink-leben/

## Erleichtert ein Achtsamkeitstraining den Umgang mit einer Essstörung?

Zu den Essstörungen werden unter anderem die Magersucht (Anorexia Nervosa), die Ess-Brecht-Sucht (Bulima Nervosa) und die Störung mit Essanfällen (Binge-Eating Störung) gezählt, die bereits in der Adoleszenz oder auch später im Studium auftreten können. Sie sind oft multifaktoriell bedingt, d. h. es gibt nicht nur einen Grund, der zu ihrer Entstehung beiträgt. Die Psychotherapie ist ein wichtiges Instrument, um die Krankheit zu bewältigen.

Doch kann eine Achtsamkeitsintervention als ein niedrigschwelliges Angebot ebenfalls helfen?

In einer → Metaanalyse gingen die Autoren und Autorinnen der Frage nach, ob achtsamkeitsbasierte Interventionen bei Übergewicht und Essanfällen helfen können. Es flossen nur randomisiert-kontrollierte Studien in die Analyse ein. Obwohl sich nach der Achtsamkeitsintervention eine Reduktion der mit der Essstörung einhergehenden Symptome zeigte, weisen die Autoren und Autorinnen auf eine zu geringe Anzahl von aussagekräftigen Studien hin (Mercado et al., 2021). Untersucht man die korrelativen Studien zu diesem Thema, zeigt sich ein negativer Zusammenhang zwischen der → dispositionalen Achtsamkeit und der Essstörungspathologie (Sala et al., 2020). Die Verbindungen waren besonders für die Achtsamkeitsfacetten „Handeln mit Bewusstsein" und „Nichturteilen" und für die Essstörung mit Essanfällen, emotionales Essen und Körperunzufriedenheit sichtbar.

Trotz dieser Metaanalysen fehlen noch viele Studien, die die Effektivität von achtsamkeitsbasierten Interventionen auf verschiedene Aspekte unterschiedlicher Essstörungen untersuchen. Diese Studien sind schwierig durchzuführen, weil oftmals eine große Anzahl von Patienten und Patientinnen notwendig ist, um aussagekräftige Ergebnisse zu erzielen.

In einer interessanten neueren Studie wurde der Zusammenhang zwischen der Bildschirmnutzung und der Symptomatik von Essstörungen und die Assoziation zur Achtsamkeit als Eigenschaft und intuitivem Essen, bei welchem man sich auf die körpereigenen Signale des Hungers und der Sättigung verlässt, bei 800 chinesischen Erwachsenen untersucht. Die Ergebnisse zeigten, dass der Zusammenhang zwischen der Bildschirmnutzung während des Essens und der Symptomatik von Essstörungen teilweise durch Achtsamkeit und intuitives Essen erklärt werden konnte. Eine höhere Bildschirmnutzung beim Essen war mit einer geringeren Achtsamkeit und mit einer geringeren intuitiven Ernährung verbunden – Aspekte, die wiederum beide mit einer höheren Essstörungssymptomatik zusammenhingen (He et al., 2024). Die Ergebnisse deuten darauf hin, dass die Kombination aus achtsamkeitsbasierten Ansätzen und intuitivem Essen (z. B. achtsamkeitsbasierte Intervention für intuitives Essen, Bush et al., 2014), sehr effizient sein könnte, um die negativen Auswirkungen der Bildschirmnutzung auf das Essverhalten zu reduzieren.

**Linktipp** | Einen guten Überblick zu Essstörungen bietet die Bundeszentrale für gesundheitliche Aufklärung. https://www.bzga-essstoerungen.de/

## Können Achtsamkeitspraktiken auch bei ADHS angewendet werden?

Die Aufmerksamkeitsdefizit-Hyperaktivitätsstörung (ADHS) ist eine im Kindes- und Jugendalter relativ häufig auftretende Störung (2-6 %), die aber auch bis in das Erwachsenenalter bestehen kann. Charakteristisch für diese Störung sind Hyperaktivität, das heißt ein übersteigerter Bewegungsdrang,

Unaufmerksamkeit, d. h. eine gestörte Konzentrationsfähigkeit und Impulsivität. Pharmakologische und nicht pharmakologische Interventionen, wie z. B. ein Elterntraining, scheinen in der Behandlung effektiv zu sein. Doch wie sieht es mit einem Achtsamkeitstraining aus? Auf den ersten Blick scheint ADHS im Gegensatz zur Achtsamkeit zu stehen. In einer Studie wurde die Wirksamkeit einer auf Achtsamkeit basierenden Familienintervention mit einer Intervention durch Methylphenidat bei Kindern mit ADHS verglichen. Die Ergebnisse zeigten insgesamt, dass ein Achtsamkeitstraining in der Familie im Allgemeinen als nicht pharmakologische Alternative oder Ergänzung bei der Behandlung von ADHS im Kindesalter betrachtet wird, auch wenn Achtsamkeit allein für einige Familien möglicherweise nicht ausreicht (Meppelink et al., 2024).

In einer zusammenfassenden Metaanalyse zur Wirksamkeit achtsamkeitsbasierter Interventionen bei ADHS im Kindes- und Jugendalter, in welcher 16 Studien mit einbezogen wurden, zeigte sich eine Reduktion der gesamten ADHS-Symptomatik mit einer großen Effektstärke. Die Unaufmerksamkeitssymptomatik verringerte sich mit einer geringen Effektstärke, die Hyperaktivität und Impulsivität mit einer mittleren Effektstärke, wobei dieses Ergebnis nur auf den Resultaten von zwei Studien beruhte. In sechs der 16 Arbeiten war keine Kontrollgruppe vorhanden, und die Kontrollgruppe in den anderen Studien wurde in der zusammenfassenden Metaanalyse nicht weiter spezifiziert. Auch die Achtsamkeitsprogramme in den 16 Studien unterschieden sich sehr, sie reichten von Yoga mit achtsamkeitsbasierten Elementen über eigens konzipierte Achtsamkeitstrainings bis hin zu Schulinterventionen (Lindenkamp & Lüdeke, 2019). Festzuhalten bleibt auf jeden Fall, dass ADHS und Achtsamkeitstrainings sich nicht ausschließen, sondern diese Art der Intervention hilfreich sein kann. Dabei kann man mit einfachen Übungen zum achtsamen Atmen, achtsamen Sehen oder Riechen beginnen.

**Linktipp** | Empfehlungen und Tipps dazu im Ratgeber für ADHS bei Erwachsenen: https://www.adhs-ratgeber.com/adhs-achtsamkeit.html

## Hilft Achtsamkeit auch in der Rehabilitation von Verletzungen?

Die Rehabilitation von Sportverletzungen ist komplex und wird durch viele Faktoren beeinflusst: Die Eigenschaft der Verletzung sowie soziodemografische Faktoren spielen hier ebenso eine Rolle wie

- biologische (Hormone, Stoffwechsel, Kreislauf),
- psychologische (Persönlichkeit, Kognition, Emotion),
- soziale (Netzwerk, Stress, situative Eigenschaften) Faktoren.

Ob ein Achtsamkeitstraining einen Rehabilitationsprozess nach einer sportlichen Verletzung verkürzen kann, ist nicht bekannt. In einer Studie mit einer kleinen Anzahl verletzter Athleten und Athletinnen aus unterschiedlichen Disziplinen führte ein achtwöchiges Achtsamkeitstraining neben dem normalen Physiotherapietraining dazu, dass sich die Schmerzschwelle verringerte und dass sich das achtsame Gewahrsein veränderte. Die negative Stimmung verbesserte sich über den Zeitraum sowohl für die Achtsamkeitsgruppe als auch für die Kontrollgruppe, die das normale Physiotherapieprogramm erhalten hat (Mohammed et al., 2018).

Wenn Sie also Achtsamkeit in der Rehabilitation anwenden wollen, dann können Sie dies gerne tun, es kann vielleicht negative psychische Begleitsymptome reduzieren, die zum Rehabilitationsprozess dazu gehören. Die genaue wissenschaftliche Evidenz dafür steht aber noch aus.

**Literaturtipp** | Alle, die sich für die psychologischen Faktoren interessieren, die einen Rehabilitationsprozess beeinflussen können, seien auf folgenden Artikel hingewiesen: Brewer, B.W. (2010). The role of psychological factors in sport injury rehabilitation outcomes. *International Review of Sport and Exercise Psychology, 3(1)*, 40-61. https://doi.org.10.1080/17509840903301207

## Entschleunigt Achtsamkeit den Alterungsprozess?

Der Alterungsprozess ist von vielen Begleiterscheinungen geprägt, wie z. B. dem Abbau körperlicher und geistiger Funktionen. So verwundert es nicht, dass Wissenschaftler und Wissenschaftlerinnen sich mit der

Frage beschäftigen, wie dieser Abbau verzögert werden kann. Neben Sport scheint auch die Achtsamkeitspraxis vielversprechend zu sein: In einer Übersichtsarbeit fassen die Autoren und Autorinnen das vorhandene Wissen über die Auswirkung der Achtsamkeitspraxis auf gesundes emotionales und kognitives Altern zusammen und beschreiben die für diese Effekte zugrundeliegenden Gehirnstrukturen (Klimecki et al., 2019). Dabei ist es aber zum jetzigen Zeitpunkt noch nicht eindeutig ersichtlich, ob ein positiver Effekt eines Achtsamkeitstrainings nur im Vergleich zu einer Wartekontrollgruppe oder auch im Vergleich zu einer aktiven Kontrollgruppe, die eine andere Aktivität durchführt, wie z. B. an einem Sportprogramm teilnimmt, auftritt. Die ersten Ergebnisse bezogen auf emotionale Veränderungen sind jedoch vielversprechend. Außerdem konnte gezeigt werden, dass für Personen mit einer milden Form der Demenz (Durchschnittsalter: 76.48 Jahre) Achtsamkeit als Eigenschaft negativ mit der Depressionsrate und des Sich-Gedanken-Machens korrelierte: Je achtsamer ein Mensch mit einer milden Form der Demenz war, desto geringer war seine Depressionsrate und die Häufigkeit des Sich-Gedanken-Machens (Keune et al., 2023).
Darüber hinaus wird auch die Effektivität eines Achtsamkeitstrainings auf die Veränderung der Telomere diskutiert. Telomere sind Endstücke der Chromosomen, die für viele biologische Vorgänge wichtig sind. Die Länge der Telomere gilt als Marker für das biologische Altern. Es konnte gezeigt werden, dass z. B. chronischer Stress die Verkürzung der Telomere beschleunigt. In einigen Studien wurde nachgewiesen, dass Achtsamkeitsinterventionen der Telomerverkürzung entgegenwirken können. Allerdings zeigte sich in einem jüngeren systematischen Review, dass dieser Effekt wahrscheinlich überschätzt wurde und auch nicht für Achtsamkeitsprogramme spezifisch ist (Bossert et al., 2023).

**Linktipp** | Dies ist ein guter Ted-Talk über Telomere von der Nobelpreisträgerin Elizabeth Blackburn. https://www.ted.com/talks/elizabeth_blackburn_the_science_of_cells_that_never_get_old/transcript?language=de

## Achtsamkeit im Alltag

Achtsamkeit lässt sich durch eine formelle Praxis lernen, wie durch die Teilnahme an einem MBSR-Kurs oder anderen Meditationsangeboten. Daneben gibt es auch eine informelle Praxis, die den achtsamen Umgang mit sich selbst und anderen im Alltag beschreibt. Dazu gehört auch der Bereich der Kommunikation: Kann man achtsam kommunizieren und wie reagiert man, wenn das Gegenüber die achtsame Kommunikation nicht wertschätzt? Es werden in diesem Kapitel auch Fragen dazu beantwortet, ob es Orte und Gegebenheiten im Alltag gibt, bei denen es eher gelingt, achtsam zu sein.

## Wie lässt sich Achtsamkeit in den Alltag integrieren?

Diese Frage zielt auf die Praxis der informellen Achtsamkeit ab. Unter der informellen Achtsamkeitspraxis versteht man das Erleben von Achtsamkeit außerhalb des Rahmens eines Achtsamkeitskurses oder bestimmter Meditationsrituale. Informelle Praxis bedeutet hier unter anderem auch, mit der Aufmerksamkeit genau da zu sein, wo man gerade ist: Beim Zähneputzen sich auf das Zähneputzen zu konzentrieren, beim Autofahren auf das Autofahren. Vielleicht ist es Ihnen schon einmal wie mir ergangen, dass Sie beim Autofahren an etwas ganz anderes denken, besonders dann, wenn die Strecke eintönig ist und Sie sie gut kennen. Informelle Achtsamkeit würde bedeuten, sich genau auf die Strecke zu konzentrieren und – obwohl gut bekannt – vielleicht doch etwas Neues wahrzunehmen.

Aber Achtsamkeit im Alltag bedeutet auch, das zu akzeptieren, was ist und was man nicht verändern kann. Es bedeutet zudem, nicht zu urteilen. Wenn Sie sich einmal selbst beobachten, werden Sie merken, wie oft Sie eigentlich zumindest in Gedanken urteilen: „Oh, was hat dieser Mann denn für eine schreckliche gelbe Hose an, der ist ja merkwürdig". Warum beurteilen wir das so? Vielleicht mag der Mensch einfach die Farbe Gelb sehr. Und wenn uns auffällt, dass wir jemanden beurteilt haben, dann urteilen wir direkt wieder negativ über uns selbst und sagen vielleicht solche Sätze, wie: „Warum bin ich immer noch nicht in der Lage, nicht zu urteilen!" Wir befinden uns in einer Beurteilungsschleife.

Die wissenschaftliche Evidenz der informellen Achtsamkeitspraxis konnte nachgewiesen werden. Hierzu wurden in einer Studie die Teilnehmenden entweder einer „achtsamen" oder einer Kontroll-Bedingung zugeordnet. Die Teilnehmenden der achtsamen Bedingung wurden aufgefordert, beim Waschen des Geschirrs genau auf die einzelnen Handlungen zu achten, bzw. auf den abschweifenden Geist und immer wieder zur Handlung des Geschirrwaschens zurückzukommen. Die Teilnehmenden der Kontrollbedingung erhielten eine objektive Beschreibung des Geschirrwaschens. Dabei zeigten sich bei den Teilnehmenden der achtsamen Bedingung, dass eine positive Veränderung bei der Messung des momentanen achtsamen Zustandes, mancher positiven Gefühle (wie des Gefühls der Inspiration) und eine Reduktion von negativen momentanen Gefühlen, wie der Nervosität, eintrat (Hanley et al., 2015).

**Tipp** | Beobachten Sie sich doch einmal selbst im Alltag! Wann akzeptieren Sie die Dinge gerade nicht so, wie sie sind? Wann beurteilen Sie, auch in Gedanken, andere Menschen, andere Situationen oder vielleicht auch sich selbst? Vielleicht merken Sie, dass das oft automatisch abläuft.

## Gibt es kurze Achtsamkeitsübungen, die sich gut im Alltag anwenden lassen?

Ja, die gibt es tatsächlich. Ich möchte hier die drei Beispiele der

- Stopp-Übung,
- des Atemraums und der
- kurzen Übung zur liebevollen Güte

nennen:

**Stop-Methode** | *STOP* steht für S = Stop, T = Take a breath, O = Observe and P = Proceed or Practice.
**S – Stop:** Wenn Sie sich in einer stressvollen Situation befinden und Sie merken, wie diese Situation Sie überfordert, halten Sie an!
**T – Take a breath:** Dann nehmen Sie einen tiefen Atemzug – so tief, wie es sich gut für Sie anfühlt.
**O – Observe:** Nehmen Sie diesen Atemzug bewusst wahr. Beobachten Sie! Was passiert gerade in Ihnen? Wie fühlt sich Ihr Körper in den verschiedenen Bereichen an? Fühlen Sie sich locker oder angespannt? Haben Sie kalte oder warme Hände? Wie ist Ihr Herzschlag? Ist er ruhig oder rast er? Nehmen Sie sich selbst liebevoll wahr, ohne sich zu beurteilen.
**P – Proceed:** Und dann fahren Sie fort, gehen Sie wieder in die Situation hinein, die Sie durch das „Stop!“ verlassen haben. Vielleicht merken Sie, wie sich die Qualität des Umgangs mit der Situation verändert hat.

**Übung zum Atemraum** (Williams & Penman, 2015, S. 179)

**Schritt 1: Ins Gewahrsein kommen**

Egal, ob Sie sitzen oder stehen, nehmen Sie eine würdevolle Haltung ein. Wenn Sie mögen, können Sie auch die Augen schließen. Wenden Sie sich dem zu, was Sie genau jetzt erleben. Welche Gedanken und welche Gefühle sind da? Was spüren Sie im Körper?

**Schritt 2: Die Aufmerksamkeit bündeln**

Jetzt richten Sie die Aufmerksamkeit nur auf den Atem und nehmen z. B. wahr, wie sich der Bauch beim Einatmen dehnt und wie er sich beim Ausatmen senkt. Schwelgen Ihre Gedanken ab, kehren Sie zu Ihrem Atem zurück.

**Schritt 3: Das Aufmerksamkeitsfeld ausdehnen**

Dehnen Sie nun Ihr Aufmerksamkeitsfeld vom Atem ausgehend auf den ganzen Körper aus, als würde der gesamte Körper atmen. Und wenn Sie z. B. unangenehme Empfindungen spüren, dann nehmen Sie diese Stelle im Körper in Ihren Fokus und stellen Sie sich vor, dass Ihr Atem da einfließt und wieder ausfließt. Dies hilft, die Empfindungen genauer zu betrachten.

**Kurze Übung zur liebevollen Güte**

Eine weitere kurze Achtsamkeitsübung, die sich eher auf die liebevolle Güte bezieht, kann aus dem Buch von Sunim (2019) entnommen werden: Kreisen Sie die Schulter ein paarmal schnell, strecken Sie die Arme hoch und lassen Sie sie wieder fallen. Dann atmen Sie tief ein, vielleicht sechs- oder siebenmal und sprechen Sie leise vor sich hin:

*Möge ich gesund sein.*
*Möge ich glücklich sein.*
*Möge ich friedlich sein.*
*Möge ich beschützt sein.*
*Möge ich geliebt sein.*

Vielleicht spüren Sie nach dem Ende der Übung, wie sich eine friedliche Stimmung in Ihnen ausbreitet.

**Linktipp** | Die STOP-Technik ist sehr gut, wenn auch auf Englisch, in diesem Video erklärt. https://www.youtube.com/watch?v=tStXi7f7Vgk

## Was bedeutet es genau, achtsam mit sich selbst umzugehen?

Zunächst bedeutet es, die eigenen Gedanken und Gefühle und auch die körperlichen Befindlichkeiten in einer großen Offenheit wahr- und anzunehmen und sie nicht zu bewerten: Wahrzunehmen, dass ich mich heute Morgen vielleicht müde fühle, ohne zu bewerten, dass dies schlecht sein könnte.
Wenn einem das gelingt, kann es dazu führen, dass man sich selbst gegenüber mehr Mitgefühl, eine höhere Akzeptanz und ein größeres Bewusstsein für die eigenen Körpervorgänge aufbringt (Xiao et al., 2017). Das bedeutet, dass man sich in vielen Aspekten, die das Selbst ausmachen, näher ist.

Aber wie gelingt der achtsame Umgang mit sich selbst? Die Achtsamkeitspraxis ist sicherlich ein Zugang: Meditation ermöglicht es, sich selbst zu nähern. Aber wir vergessen oft, dass wir als Menschen verschieden sind. Wir unterscheiden uns alle auf einer kognitiven, emotionalen, physischen und wenn man eine vierte Dimension hinzuziehen möchte, auf einer transzendentalen Ebene.
Unsere Person ist geprägt aus einer individuellen Kombination aus diesen vier Ebenen, die wiederum durch die Gene und die Umwelt beeinflusst werden. Jede dieser Ebenen besteht wieder aus vielen Einzeldimensionen. So ist Kognition nicht nur einfach Intelligenz, sondern beinhaltet auch z. B. Gedächtnisprozesse, die Fähigkeit, Probleme zu lösen, sich sprachlich auszudrücken oder sich Dinge im Geiste gedreht vorzustellen. Achtsam mit sich selbst umzugehen, bedeutet zunächst wahrzunehmen, mit welcher eigenen Brille man die Welt sieht:

- Bin ich ein Mensch, der sehr körperzentriert ist oder eher jemand, der in der Kognition verankert ist?
- Wann bin ich eigentlich im gegenwärtigen Moment ganz bei der Sache?

Vielleicht nehmen Sie wahr, wie Sie in der Meditation, beim Programmieren, beim Sport oder beim Spielen mit den Kindern ganz im Augenblick verweilen oder sogar aufblühen können.
Dieses Aufblühen nennt man im Englischen auch *Flourishing.* Das zu erkennen und zu praktizieren, ist in meiner Auffassung ein achtsamer Umgang mit sich selbst. Im Moment nicht wertend bei der Sache zu sein, kann jedoch bei Ihnen in einer ganz anderen Situation auftauchen als bei den Menschen Ihrer Umgebung. Ihre Brille ist eine andere als die Ihrer Freundin, Ihres Nachbarn oder Ihrer Eltern. Für mich persönlich bedeutet ein achtsamer Umgang mit sich selbst nichts anderes, als die eigene Brille zu erkennen und sie mit Mitgefühl, Freude und Liebe auszufüllen.

**Tipp** | Haben Sie sich einmal die Frage gestellt, wer Sie eigentlich sind, was Sie ausmacht, wofür Sie brennen oder nachts aufstehen würden? Vielleicht finden Sie einen Ort und die Zeit, um dieser Frage nachzugehen. Die Beantwortung der Frage ist eine Basis für den achtsamen Umgang mit sich selbst.

## Gibt es eine Übung zur Erforschung der eigenen Herzensqualität?

Übungen zur Herzensqualität gibt es, und die hier präsentierte ist aus dem Buch Weiss et al. (2019, S. 175). Sie könnte wie folgt ablaufen:

**Übung | Herzensqualität**
Suchen Sie für sich einen ruhigen Ort und setzen sich bequem hin. Versuchen Sie gerade zu sitzen, vielleicht spüren Sie die Füße auf dem Boden und fühlen sich geerdet. Gerne nehmen Sie ein paar tiefe Atemzüge. Jetzt lenken Sie Ihre Aufmerksamkeit zu Ihrem Herzen, und stellen Sie sich vor, Sie atmen in Ihr Herz ein und aus. Nun beobachten Sie, was Sie wahrnehmen, welche Qualitäten es sind. Wie fühlt sich Ihr Herz an – eng oder weit, hart oder weich, klein oder groß? Spüren Sie vielleicht, wie Ihre Gefühle durch Ihr Herz fließen? Alles, was Sie

wahrnehmen und spüren, ist völlig in Ordnung. Sie brauchen nichts zu bewerten und können immer wieder zu dem Atem, der durch Ihr Herz fließt, zurückkehren. Sie können auch neugierig auf den Herzensraum sein und ihn untersuchen – wie sind die Grenzen dieses Herzensraums beschaffen und wie fühlen sie sich an?
Wenn Sie einen Teil fühlen können, der verschlossen ist, können Sie sich fragen, ob Ihre Liebe in diesen Teil hineinfließen kann und Sie vielleicht spüren können, wie sich durch die Liebe Gleichmut einstellt. Wenn Sie die Liebe spüren können, können Sie andere Teile integrieren. Sie können bei manchen Teilen, die feststecken, länger verweilen und Ihre Liebe hineinfließen lassen oder die Sorgen an die bedingungslose Liebe, die alles umgibt, abgeben. Vielleicht können Sie spüren, wie diese bedingungslose Liebe in Ihrem Herzen ist. Und wann immer es für Sie gut ist, können Sie sich aus dieser Übung der Verbundenheit mit dem eigenen Herzen, der Übung zur Herzensqualität, lösen.

**Literaturtipp** | Die Übung zur Herzensqualität ist aus dem Buch von Weiss et al. (2019). Dieses Buch enthält viele Grundlagen und Anwendungsbeispiel für Menschen, die tiefer in die Praxis einsteigen wollen. Weiss, H., Harrer, M., & Dietz, T. (2019). *Das Achtsamkeitsbuch.* Stuttgart: Klett-Cotta.

## Wie sieht ein achtsamer Umgang mit den Mitmenschen aus?

Achtsam mit anderen Menschen umzugehen bedeutet, den anderen und die andere so zu sehen, wie er oder sie in seiner oder ihrer Essenz ist. Das setzt voraus, dass wir uns auch selbst in unserer Essenz kennen und achtsam mit uns umgehen. Wir können die andere Person erst dann schätzen, wenn wir erkennen und fühlen, was uns selbst und was die andere Person ausmacht. Vielleicht haben Sie schon einmal gespürt, dass nicht jeder oder jede dieselbe Vorstellung von einem gelungenen Urlaub hat: Für Sie mag ein gelungener Urlaub ein Aktivurlaub in den Bergen sein, für Ihre Freundin ein Leseurlaub am Strand. Das Verständnis für die eigene Person und für den anderen ermöglicht es, trotz aller Individualität das Gemeinsame zu spüren. Das

Gemeinsame kann darin bestehen, in Liebe so angenommen zu werden, wie man ist. Wenn wir unsere Einzigartigkeit klar erkennen, wird die Verbundenheit, durch den Wunsch in der Einzigartigkeit angenommen zu werden, deutlich.

Der achtsame Umgang mit sich selbst und anderen, bzw. das Erkennen der eigenen Bedürfnisse und der Bedürfnisse der anderen, findet sich aber auch in anderen Theorien wieder, wie z. B. der Gestalttherapie. Die Gestalttherapie ist eine Psychotherapieform, die zu den humanistischen Therapien gehört und ihre geistigen Wurzeln z. B. in der Psychoanalyse, der Existenzphilosophie und der Gestaltpsychologie hat. Der Mensch wird holistisch gesehen, als Einheit von Körper, Geist und Seele. Zum achtsamen Umgang mit sich selbst und anderen kann gut der Kernsatz aus der Gestalttherapie „Ich bin ich. Du bist du." von Fritz Perls[6] herangezogen werden:

> Ich bin ich. Du bist du.
> Ich bin verantwortlich für mein Leben und du bist für deines verantwortlich.
> Ich bin nicht dazu da, um deine Erwartungen zu erfüllen, noch bist du dazu da, um meine zu erfüllen.
> Wenn sich unsere Wege kreuzen, ist das wunderschön, aber wenn nicht, werden wir uns getrennt voneinander fortbewegen müssen.
> Weil ich mich selbst nicht liebe, wenn ich mich selbst verrate, nur um dich glücklich zu machen.
> Ich liebe auch dich nicht, wenn ich will, dass du bist, wie ich das möchte, anstatt dich so zu akzeptieren, wie du bist.
> Du bist du und ich bin ich.

**Linktipp** | Wenn Sie sich für die Hintergründe der Gestalttherapie interessieren, schauen Sie doch einmal hier etwas näher: https://www.dvg-gestalt.de/was-ist-gestalttherapie/

6 https://gedankenwelt.de/die-30-besten-zitate-von-fritz-perls/

## Wie geht achtsame Kommunikation?

Dass Kommunikation nicht einfach ist, wissen wir alle, zahlreiche Missverständnisse können hier entstehen! Nach Paul Watzlawick kann man aber nicht nicht kommunizieren. Denn selbst, wenn man nicht direkt kommuniziert, ist das ein Ausdruck einer Kommunikation. Wenn Sie im Wartezimmer eines Arztes oder einer Ärztin sitzen und ein anderer Patient bzw. eine Patientin die ganze Zeit aus dem Fenster schaut, dann wissen Sie genau, dass dieser Patient oder diese Patientin nicht kommunizieren möchte. Verschiedene Kommunikationsmodelle in der Psychologie versuchen den Prozess der Kommunikation zu erklären. Je nach Modell wird die Betonung auf den Prozess der Enkodierung und Dekodierung, den Dialog oder auf viele andere Aspekte wie persönliche und situationale Faktoren, Ziele, Feedback und vieles mehr gelegt.
DIE eine achtsame Kommunikationsregel gibt es nicht – vielmehr bilden die Grundprinzipien der Achtsamkeit die Basis der achtsamen Kommunikation. Hierzu zählen die nicht wertende Wahrnehmung des Gesagten im jetzigen Moment und ein nicht wertendes Sprechen aus dem Moment heraus. Aber auch die warmherzigen Aspekte der Achtsamkeit – Mitgefühl, Dankbarkeit, Mitfreude – können bei der achtsamen Kommunikation eine bedeutende Rolle spielen. Diese Aspekte werden auch im Rahmen eines → MBSR-Kurses angesprochen. Verschiedene Autoren und Autorinnen betonen unterschiedliche Aspekte bei der achtsamen Kommunikation, wobei viele dieser Programme noch nicht wissenschaftlich evaluiert sind. Susan Gillis Chapman (2012) benennt z. B. die folgenden fünf Schlüsselelemente der achtsamen Kommunikation:

1. Schlüssel zur achtsamen Präsenz: *Awake body* (zu unseren Sinnen zurückkehren), *tender heart* (liebevoller Umgang mit dem Herzen), *open mind* (offen und flexibel sein).
2. Schlüssel zum achtsamen Zuhören: Ermutigung (Ermutigung gibt uns die Möglichkeit, das goldene Herz in jedem anderen zu sehen, weil wir es in uns selbst gefunden haben. Ermutigung ist das Vertrauen in die der menschlichen Natur innewohnenden Güte).
3. Schlüssel zur achtsamen Sprache: Güte (Mit Güte vertiefen wir das Mitgefühl für uns selbst und für andere, wir transformieren unsere Sichtweise von „Ich-zuerst“ zu „Wir-zuerst“).

4. Schlüssel zu achtsamen Beziehungen: bedingungsloses Wohlwollen (Bedingungsloses Wohlwollen ermöglicht es, den anderen und die andere so zu lassen, wie sie sind).
5. Schlüssel zu achtsamen Antworten: Verspieltheit (Verspieltheit meint, offen für das zu sein, was im jetzigen Moment passiert, ohne Dinge und Ereignisse kontrollieren zu müssen).

Thích Nhất Hạnh (2019) betont die Elemente des achtsamen Zuhörens und des liebevollen Sprechens, wichtig ist die rechte Rede, mitfühlende Worte, nährende Gespräche und eine liebevolle Anteilnahme an dem Gegenüber. Andere Autorinnen, wie Rosamund Oliver und Chantal Bergers (2023) erwähnen die Bedeutung des Zuhörens und entwickelten das *Awareness Centered Deep Listening Training (ACDLT®).* In diesem Training lernen die Teilnehmer und Teilnehmerinnen nicht nur die gesagten Informationen aufzunehmen, sondern auch die tieferen und subtileren Level von dem, was gesprochen oder nicht gesprochen wird, wahrzunehmen. Durch Übungen und Meditationen werden sie sich der subtileren Signale ihres Körpers, die ebenfalls für die Kommunikation wesentlich sind, bewusst.

**Literaturtipp** | Koster, F., Heynekamp, J., & Norton, V. (2023). *Mindful Communication. Speaking and Listening with Wisdom and Compassion.* London: Routledge. In dem Buch wird ausführlich beschrieben, was es bedeutet, achtsam mit sich selbst und anderen Menschen umzugehen. Die achtsame Kommunikation wird auch hier ausführlich angesprochen: Jansen, P., & Richter, S. (2021). *Einfühlsame Kommunikation. Wie wir uns und die anderen wahrnehmen.* Bern: Hogrefe.

## Was bedeutet die Rechte Rede nach Thích Nhất Hạnh?

Thích Nhất Hạnh war ein buddhistischer Mönch, der unter anderem durch seine zahlreichen Bücher bekannt wurde. Achtsamkeit in der Kommunikation bedeutet für ihn Rechte Rede. Diese Rechte Rede hat vier Elemente:

1. Die Wahrheit sagen
2. Nicht übertreiben

3. Doppelzüngigkeit vermeiden
4. Nicht auf gewalttätige oder verurteilende Weise sprechen

Gerade der erste Punkt, die Wahrheit zu sagen, ist sehr vielschichtig. Dazu gehört, dass wir uns allgemeinverständlich ausdrücken, so ausdrücken, dass der Mensch, mit dem wir kommunizieren, uns versteht, dass wir genau das sagen, was für den anderen oder die andere in der Situation angemessen ist und dass wir die → absolute Wahrheit widerspiegeln müssen, aber verstehen müssen, dass manche Menschen keinen Zugang zu der absoluten Wahrheit haben.

Nicht übertreiben bedeutet, dass wir Dinge nicht so ausschmücken, dass aus Kleinigkeiten Dramen werden. Vielleicht hat irgendjemand einen Fehler gemacht und wir neigen dazu, diesen Fehler so aufzubauschen, so dass der Eindruck herrscht, dieser Mensch würde den Fehler immer machen.

Doppelzüngigkeit vermeiden meint, dass wir in unserer Kommunikation authentisch sind und nicht zu der einen Person so reden und zu der anderen anders. Dies kann zu Spaltungen zwischen Personen und Gruppen führen. Man sollte in jeder Situation zu den eigenen Worten stehen und diese Worte nicht variieren, weil man meint in der einen Situation einen Vorteil zu erlangen, wenn man anders spricht.

Der vierte Aspekt bezieht sich darauf, keine gewalttätigen oder verurteilende Worte zu nutzen. Dabei ist auch das achtsame Zuhören sehr zentral, denn nur wer dem Gegenüber in der Tiefe aufmerksam zuhört, kann wirklich Mitgefühl entwickeln.

Für Thích Nhất Hạnh ist achtsames Zuhören eine Art tiefes Schauen. Leiden wird z. B. durch die Vibration der Stimme deutlich. Praktizieren wir diese Regeln, wird Mitgefühl zwischen den Menschen entstehen. Thích Nhất Hạnh sagt, dass es ganz einfach ist: unrecht zu reden führt zu Unwohlsein, und Rechte Rede hingegen zu Wohlbefinden. Wichtig ist, dass wir uns jeden Moment daran erinnern sollen, egal wo es ist und egal zu wem, ob als Eltern zu den Kindern, ob als Kollegen und Kolleginnen zu den anderen Kollegen oder Kolleginnen oder als Student und Studentin zu den anderen Mitstudierenden. Da wir nicht nicht kommunizieren können, ist es wichtig, dass wir es in einer liebevollen Weise tun. Nach Thích Nhất Hạnh ist etwas auf mitfühlende Weise zu sagen für den Sprecher und die Sprecherin genauso heilsam wie für den Empfänger.

**Literaturtipp** | Thích Nhất Hạnh (2019). *Achtsam sprechen – achtsam zuhören: Die Kunst der bewussten Kommunikation.* München: Knaur.

## Ist achtsame Kommunikation dasselbe wie gewaltfreie Kommunikation?

Achtsame und gewaltfreie Kommunikation sind nicht dasselbe, aber viele Prinzipien ähneln sich. Die Prämisse der von Marshall Rosenberg (2016) entwickelten gewaltfreien Kommunikation ist, dass jeder berechtigt ist, seine Bedürfnisse auszudrücken und dass Lösungen gefunden werden können, diese zu befriedigen, ohne andere dabei zu verletzen.
Die vier Grundkomponenten der gewaltfreien Kommunikation sind die Folgenden:

1. Beobachtungen
2. Gefühle
3. Bedürfnisse
4. Bitten

Die Situation soll wahrgenommen werden (z. B. „Meine Mitbewohnerin der WG hat wieder nicht die Spülmaschine ausgeräumt"), das eigene Gefühl (z. B. „Wenn ich das sehe, bin ich traurig, weil ich das wieder machen muss") und Bedürfnis (z. B. „Ich möchte darauf vertrauen können, dass sich jeder und jede aus der WG an die Abmachung hält") ausgedrückt werden und ein Wunsch und eine Strategie entwickelt werden, die in einer Bitte formuliert werden kann (z. B. „Ich möchte darauf vertrauen können, dass wir uns in der WG mit dem Ausräumen der Spülmaschine abwechseln").
Die Wahrnehmung sollte nicht wertend sein. Insbesondere dieser Aspekt, wie auch das Erkennen der eigenen Gefühle, ähneln der achtsamen Kommunikation. In der gewaltfreien Kommunikation stehen die eigenen Bedürfnisse und die Bedürfnisse anderer Menschen im Vordergrund und werden mitfühlend wahrgenommen. Während es jedoch keine einheitlichen ausschließlichen Kurse zur achtsamen Kommunikation gibt, existieren diese für die gewaltfreie Kommunikation und werden in verschiedenen Formen von speziell ausgebildeten Trainern und Trainerinnen angeboten.

**Link- und Literaturtipp** | Rosenberg, M. B. (2016). *Gewaltfreie Kommunikation. Eine Sprache des Lebens.* Paderborn: Jungfernmann.

## Kann eine Achtsamkeitspraxis Vorurteile reduzieren?

Die Achtsamkeitspraxis kann helfen, sich der automatischen Reaktionen bewusst zu werden, die bei Vorurteilen ablaufen. Auch die negativen Gedanken und Emotionen, die dabei entstehen, werden bewusster wahrgenommen. Achtsamkeit führt demnach zu einer De-Automatisierung. Eine spannende Frage ist, ob diese De-Automatisierung auch dazu führen kann, dass sich Stereotypen für Personen innerhalb der eigenen Gruppe bzw. außerhalb der eigenen Gruppe verändern. In einem systematischen Review konnte gezeigt werden, dass Achtsamkeit (trotz der Heterogenität der Paradigmen) gruppenübergreifende Vorurteile mit einem kleinen, aber signifikanten Effekt abschwächt (Oyler et al., 2022). Dieses Ergebnis wurde auch in einer Arbeit von Fuochi et al. (2023) untermauert, in welcher untersucht wurde, ob es einen Zusammenhang von Achtsamkeit und Einstellungen und Vorurteilen gegenüber Zuwanderern in Italien gibt. Die Ergebnisse zeigen, dass die Einstellungen und Vorurteile gegenüber Zuwanderern durch Achtsamkeitsfacetten vorhergesagt werden können. Dabei gab es vermittelnde Faktoren, wie die Reflexion, die freudige Exploration, die Stresstoleranz und die soziale Neugier, die die Beziehungen zwischen den Facetten der Achtsamkeit als Eigenschaft und den Einstellungen gegenüber Zuwanderern vermittelten. Darüber hinaus wurde die Achtsamkeitsfacette des Beschreibens mit einer höheren Deprovinzialisierung, einer besseren Einstellung und geringeren Vorurteilen in Verbindung gebracht, und die Achtsamkeitsfacette des Nichturteilens mit einer höheren Deprovinzialisierung und einem positiven Kontakt (Fuochi et al., 2023). Ausgehend von dieser Studie stellt sich die Frage, ob es sinnvoll ist, Interventionen zum Abbau von Vorurteilen auf der Grundlage von Achtsamkeit zu entwickeln, um das Bewusstsein von negativen Stereotypen und die Offenheit für Unterschiede zwischen den Menschen zu fördern. Zumindest konnte bereits gezeigt werden, dass ein kurzfristiges Achtsamkeitstraining von vier Tagen geholfen hat, hilfsbereites Verhalten gegenüber Fremden und Bekannten unabhängig von der eigenen Gruppe zu fördern, wobei aber die bevorzugte

Hilfe gegenüber Menschen der eigenen Gruppe bestehen blieb (Berry et al., 2023).

**Literaturtipp** | Oyler, D. L., Price-Blackshear, M. A., Pratscher, S. D., & Bettencourt, B. A. (2022). Mindfulness and intergroup bias: A systematic review. *Group Processes & Intergroup Relations, 25(4),* 1107– 1138. https://doi.org/10.1177/1368430220978694.

## Existieren achtsame Orte?

Die formelle Praxis der Achtsamkeit, wie sie in → MBSR-Kursen praktiziert wird, wird häufig in Seminarräumen erlebt. Dennoch gibt es Orte, die von sich aus eine tiefere Ruhe ausstrahlen, wie z. B. Klöster oder Naturlandschaften, siehe Abbildung 3.

Abbildung 3 | Natur in Island

An diesen Orten spürt man manchmal schon einen größeren inneren Frieden. Deshalb verwundert es nicht, dass Achtsamkeitsretreats häufig im Schweigen in einem Kloster durchgeführt werden.

Ob Achtsamkeitsübungen im Kloster eine größere Wirkung auf verschiedene Parameter haben, wie z. B. auf die Stressreduktion als Achtsamkeitsübungen in einem Seminarraum, ist wissenschaftlich so noch nicht untersucht worden. Fest steht, dass ein Naturaufenthalt heilsam sein kann, wobei hier auch nicht ganz klar ist, was es genau ist, was dieses Gefühl hervorruft. Bei der Beantwortung dieser Frage spielt sicherlich die Gestaltung der Natur genauso eine Rolle wie die Häufigkeit und Intensität, mit welcher die Natur erlebt wird. Und auch die individuelle Art der Sinneserfahrung mag wichtig sein: Der eine mag die Weite des Meeres, die andere das Grün und die Dichtheit der Bäume in einem Wald (Bratman et al., 2019).

Aber immer häufiger werden Achtsamkeitskurse in Verbindung mit der Naturerfahrung, z. B. beim Wandern angeboten. Diese Kombination kann auch eine verstärkte positive Wirkung haben. In einer Studie von Nisbet et al. (2019) wurden 100 Teilnehmer und Teilnehmerinnen zufällig auf drei Gruppen aufgeteilt: Gruppe 1 wanderte 20 Minuten draußen mit Achtsamkeitsinstruktionen entlang der Strecke, die Teilnehmer und Teilnehmerinnen der zweiten Gruppe gingen dieselbe Strecke, aber ohne eine Achtsamkeitsinstruktion zu erhalten und die dritte Gruppe ging eine Strecke innerhalb des Universitätsgebäudes. Vor und nach der jeweiligen Intervention wurden die Achtsamkeit und Indikatoren für die Stimmung und der Verbundenheit mit der Natur gemessen.

Die Ergebnisse zeigten, dass die Stimmung in den beiden Gruppen, die sich draußen bewegten, positiver war als in der Indoor-Gruppe, dass aber der Effekt einer Achtsamkeitsintervention diesen Effekt nicht noch verstärkte. In Übereinstimmung mit den Hypothesen erhöhte die Achtsamkeitsschulung die Selbstberichte der eigenen Naturverbundenheit über den bereits beträchtlichen Unterschied zwischen den Innen- und Außenbedingungen hinaus. In ähnlicher Weise führte die Achtsamkeitsintervention zu einer stärkeren Verringerung des negativen Affekts, sogar im Vergleich zur Outdoor-Bedingung.

Darüber hinaus kann man das aus Japan stammende Waldbaden, das Shinrin-Yoku, als ein naturnahes Achtsamkeitselement erfahren, welches auch eine gesundheitlich positive Wirkung hat.

**Literaturtipps** | Dieser Bildband bietet Naturaufnahmen, die die Seele berühren können: Maurer, B., Mittermaier, R. & Neureuther, Ch. (2013). Kraftort Alpen. München: Reich Terra Magica.
Diese Arbeit vermittelt einen hervorragenden Überblick über die aus den verschiedenen Disziplinen kommenden Theorien der Mensch-Natur Beziehung und präsentiert eine integrierende Rahmentheorie, um diese Beziehung zu verstehen: Soga, M., & Gaston, K. J. (2022). Towards a unified understanding of human-nature interactions. *Nature Sustainability, 5*, 374-383. https://doi.org./10.1038/s41893-021-00818-z

# Achtsamkeit in ihren Anwendungsfeldern

Achtsamkeit kann auch dort, wo wir den Großteil unseres Lebens verbringen, praktiziert werden: in der Schule, im Studium, im Beruf und beim Sport. In diesem Kapitel wird die wissenschaftliche Evidenz eines Achtsamkeitstrainings in den unterschiedlichen Bereichen beschrieben.

## Lässt sich Achtsamkeit bereits im Kindergarten etablieren?

Ja! Tatsächlich gibt es Programme, die Achtsamkeit im Kindergarten etablieren. In einem Review von Bockmann und Yu (2023) flossen 18 Studien ein, in welchen ein Achtsamkeitsprogramm in einer vorschulischen Einrichtung etabliert wurde. Die Ergebnisse zeigen, dass die Lehrkräfte die Interventionen für durchführbar und akzeptabel hielten. Die Ergebnisse der verschiedenen Studien waren jedoch uneinheitlich.

Die Wirkung eines Achtsamkeitsprogrammes schien dann besser zu sein, wenn die Kinder in bestimmten Bereichen Defizite hatten. Die Autorin und der Autor kamen zu dem Schluss, dass Achtsamkeitsprogramme hilfreich sind, um ein gesundes soziales und emotionales Umfeld für kleine Kinder zu schaffen, wobei es jedoch weltweit eine große Diversität an unterschiedlichen Programmen gibt. In den 18 Studien ihrer zusammenfassenden Arbeit konnten 15 verschiedene Programme ermittelt werden. Die Achtsamkeitsinterventionen unterschieden sich von auf Yoga basierenden Achtsamkeitsinterventionen bis hin zu Interventionen, die sozio-emotionale Lernelemente enthielten, und solchen, die sich auf das Bewusstsein für den eigenen Körper konzentrierten. Darüber hinaus war es aufgrund anderer Merkmale wie Interventionskomponenten, Dauer und Häufigkeit schwierig zu bestimmen, welche Merkmale der einzelnen Programme das emotionale Verhalten oder die Selbstregulierung fördern.

Ein bekanntes Achtsamkeitstraining für den Vorschulbereich ist das *Kindness Curriculum* aus der Arbeitsgruppe des Neurowissenschaftlers Prof. Dr. Richard Davidson von der Universität Wisconsin-Madison. Die für den deutschen Bereich adaptierte Version liegt ebenfalls vor (Portele & Jansen, 2021). Die einzelnen Kapitel dieser Version, die sich wiederum in verschiedene Stunden differenzieren lassen, unterteilen sich wie folgt:

- Achtsames Körpergefühl und das Pflanzen von Samen der Güte
- Ich nehme Gefühle in meinem Inneren wahr
- Wie ich mich im Inneren fühle, zeigt sich auch nach außen
- Auf starke Emotionen im Inneren und Äußeren achten
- Probleme lösen und verarbeiten
- Dankbarkeit
- Alle Menschen sind aufeinander und auf die Erde angewiesen
- Dankbarkeit, Fürsorge für unsere Welt und Zusammenfassung

Der liebevolle Umgang mit sich und zu anderen ist ein zentrales Thema dieses Curriculums. Ein Beispiel für die kindgerechte Achtsamkeitspraxis ist das Singen des Fürsorgeliedes:

> Möge ich glücklich sein, möge ich friedlich sein,
> möge ich mit Liebe erfüllt sein.
> Mögest Du glücklich sein, mögest Du friedlich sein,
> mögest Du mit Liebe erfüllt sein.
> Mögen wir glücklich sein, mögen wir friedlich sein,
> mögen wir mit Liebe erfüllt sein.

**Linktipp** | Ein Interview zum Thema mit Prof. Dr. Richard Davidson, dem Begründer des Healthy Mind Centers: https://www.youtube.com/watch?v=hycsTGZ2ajg

## Wie lässt sich Achtsamkeit in der Schule einführen?

Diese Frage ist aus wissenschaftlicher Sicht schwer zu beantworten. Es ist ein junges Forschungsfeld und die ersten Studien sind noch geprägt von einer geringeren methodischen Qualität. Dennoch könnte man mittlerweile die Effekte, die das Lehren von Achtsamkeit im Schulkontext hat, vorsichtig als positiv bezeichnen. Dabei scheinen die Effekte dann größer zu sein, wenn die gemessenen Variablen sich auf die psycho-soziale Gesundheit und das Wohlbefinden beziehen, während die Effekte auf die kognitiven und körperlichen Fähigkeiten geringer erscheinen (Weare, 2019).

Dies bedeutet, dass ein Achtsamkeitstraining Stress, Ängste und Depressionen bei Schülern und Schülerinnen reduzieren kann. Es wird jedoch diskutiert, ob der Effekt für die Reduktion negativer Symptome (z. B. Reduktion von Ängsten) größer ist als für die Steigerung positiver Gefühle (z. B. Steigerung des Wohlbefindens). Mit dem Ergebnis, dass zumindest kleine Effekte nachgewiesen werden können, wird darüber diskutiert, Achtsamkeit in den Schulalltag zu integrieren, wie im so genannten *Whole School Approach*. Ein wichtiger Punkt ist das Commitment der Lehrer und Lehrerinnen. Das heißt, wenn die Lehrer und Lehrerinnen Achtsamkeit unterrichten wollen, benötigen diese zunächst eine eigene engagierte Praxis, um Achtsamkeit authentisch zu vermitteln. Ein bereits geprüftes Curriculum für eine Achtsamkeitspraxis in Schulen ist das Konzept der achtsamen Schule von Daniel Rechtschaffen (2016, 2018).

Neben den ersten drei Kapiteln zur Bedeutung der Wichtigkeit von Achtsamkeit in der Schule, der eigenen Praxis und der Gestaltung des Klassenzimmers, bestehen die von ihm vorgeschlagenen Lektionen in Übungen zum Körpergewahrsein, zur Aufmerksamkeit, zur Herzensöffnung und zur Verbundenheit. In einer eigenen Arbeit (Portele & Jansen, 2023) konnten wir zeigen, dass sich durch die Anwendung dieses Programmes in der Grundschule über einen Zeitraum von acht Wochen die → Emotionsregulation im Vergleich zu einer Kontrollgruppe, die kein Training erhielt, positiv veränderte, unabhängig davon, ob das Achtsamkeitstraining nur zweimal wöchentlich durchgeführt wurde oder ob zusätzlich noch tägliche Übungen angeboten wurden.

**Literaturtipp** | Dieses kürzlich erschienene Buch wurde hauptsächlich für Lehrkräfte geschrieben, die bereits mit Achtsamkeit vertraut sind. Es greift auch auf das CASEL-SEL Modell zurück, in welchem die folgenden sozial-emotionalen Kernkompetenzen betont werden: Selbstgewahrsein, Selbstmanagement, Soziales Gewahrsein, Beziehungskompetenzen und das Treffen von verantwortungsvollen Entscheidungen: Hakins, K., & Burke, A. (2023). *Die Achtsamkeits-Toolbox.* Freiburg: Arbor.

## Wie lässt sich Achtsamkeit in das Studium integrieren?

Die Integration von Achtsamkeit in das Studium geht sowohl auf individueller als auch auf institutioneller Ebene. So werden manchmal innerhalb des studentischen Gesundheitsmanagements Kurse zur Achtsamkeit angeboten, die alle Studierende unabhängig von ihren Fächern besuchen können. Dies ist gerade in dieser Zeit von Bedeutung, da die psychische Belastung des Studiums in den letzten Jahren kontinuierlich zugenommen hat.

Ein systematisches Review und eine → Metaanalyse der randomisiert kontrollierten Studien zur Achtsamkeit bei Studierenden zeigte, dass im

Vergleich zu einer passiven Kontrollgruppe und wenn die Postmessung direkt nach der Intervention durchgeführt wurde, die Achtsamkeitsprogramme zur Reduktion von Stress, Angstsymptomen, Depression, des Sich-Gedanken-Machens und zur Förderung des Wohlbefindens beitrugen. Keine Effekte zeigten sich z. B. bezogen auf den Blutdruck, das Schlafverhalten, die Lebenszufriedenheit und die Resilienz. Wurden die Ergebnisse mit den Ergebnissen von Studierenden einer aktiven Kontrollgruppe verglichen, zeigten sich die Effekte nur auf die Reduktion des Leidensdrucks und der momentanen Ängstlichkeit. Die Dauer der Intervention hatte auf die Ergebnisse keinen Einfluss (Dawson et al., 2020).

In einer weiteren Metaanalyse wurde der Effekt von Achtsamkeitsinterventionen an Universitäten nicht nur auf die psychische, sondern auch auf die physische Gesundheit von Studierenden analysiert (Johnson et al., 2023). Dabei wurde deutlich, dass die psychische Gesundheit viel häufiger untersucht wurde als die körperliche oder das Gesundheitsverhalten. Achtsamkeitsinterventionen zeigten bei der Analyse der Gesamteffekte aller gesundheitlichen Ziele bessere Effekte als aktive Kontrollen mit einer geringen Effektgröße und als inaktive Kontrollen mit einer geringen bis mittleren Effektgröße. Diese Ergebnisse deuten darauf hin, dass Achtsamkeitsprogramme zumindest inkrementell besser sind als andere verfügbare Interventionen und dass sie eine valide und attraktive Alternative zu bestehenden Interventionen darstellen könnten. Die Effekte waren für klinische Stichproben noch höher. Neben der Stressreduzierung als einen förderlichen Effekt von Achtsamkeitsinterventionen hat sich gezeigt, dass diese auch einen positiven Effekt auf die akademische Leistung haben können und dass höhere Werte der Achtsamkeit als Eigenschaft mit dieser Leistung im Zusammenhang standen (Verhaeghen, 2023).

In Deutschland sind Achtsamkeitskurse an manchen Hochschulen oder Universitäten fest verankert: So gibt es z. B. das „Münchner Modell – Achtsamkeit und Meditation im Hochschulkontext“, das „Thüringer Modell der achtsamen Hochschulen“ oder das AOK Plus Projekt „Achtsamkeit in der Bildung und Hoch-/schulkultur (ABiK) an der Universität Leipzig“.

**Tipp** | Auch wenn es keine institutionelle Verankerung von Achtsamkeitskursen an manchen Hochschulen und Universitäten gibt, bieten viele Universitäten und Hochschulen Achtsamkeitskurse jedoch im Rahmen des Gesundheits- oder Nachhaltigkeitsmanagements oder auch des Hochschulsportes an! Vielleicht mögen Sie einfach einmal nachfragen.

## Lässt sich Achtsamkeit am Arbeitsplatz praktizieren?

Auch diese Frage ist nicht so einfach zu beantworten, weil es natürlich nicht **den** Arbeitsplatz gibt. Der Arbeitsplatz eines Polizisten und einer Polizistin im Außendienst unterscheidet sich sehr von dem eines Verwaltungsfachangestellten und einer Verwaltungsfachangestellten. Es gibt aber Firmen, die Achtsamkeit fest etabliert haben, wie z. B. SAP. SAP hat ein Programm „*SAP for you*" entwickelt, an welchem die Mitarbeitenden an verschiedenen Kursformaten, die ihr mentales und körperliches Wohlbefinden stärken, teilnehmen können.

In einer → Metaanalyse von randomisiert-kontrollierten Studien konnte gezeigt werden, dass Achtsamkeitsinterventionen am Arbeitsplatz den Stress, somatische Beschwerden und Burnouts reduzieren und Wohlbefinden, Mitgefühl und Arbeitszufriedenheit steigern (Vonderlin et al., 2020). Diese Ergebnisse konnten auch in einem Follow-up gezeigt werden. Es gab einige Variablen, die einen moderierenden Einfluss auf die Ergebnisse hatten: So war der Effekt der Achtsamkeitsinterventionen auf das Wohlbefinden größer, wenn die Teilnehmenden gut ausgebildet waren oder im Finanzsektor arbeiteten. Kein moderierender Effekt zeigte sich aber für das Alter der Teilnehmenden, die Methode und den Ort der Achtsamkeitsinterventionen, die Zeitspanne in Wochen und die empfohlene Praxis zu Hause.

In einem weiteren Review wurde die Effektivität von *Mindfulness-Informed Interventions* (MiIs) am Arbeitsplatz betrachtet. MiIs sind durch die Achtsamkeitspraktiken beeinflusst, aber integrieren auch andere Techniken, wie z. B. Elemente von Tai-Chi, Yoga und andere Entspannungs- und Kommunikationstechniken. Sie sind eher auf ein bestimmtes Ziel ausgerichtet, wie z. B. die Steigerung des Wohlbefindens. Auch für diese Art der Intervention konnten positive Effekte am Arbeitsplatz nachgewiesen werden (Michaelsen et al., 2023).

Die Forschung zur Achtsamkeitspraxis am Arbeitsplatz steckt noch in den Kinderschuhen, und eine ausgewogenere Sicht mit der Nennung sowohl der Vor- und Nachteile wird gefordert. So könnte es sein, dass sich die Praktizierenden vieler (vielleicht auch negativer) Dinge am Arbeitsplatz bewusstwerden. Dies kann dazu führen, dass sich die Arbeitnehmer und Arbeitnehmerinnen mit dem Unternehmen nicht mehr identifizieren können und sich nach alternativen Beschäftigungen umsehen. Dies kann zu einer Dynamik führen, die exklusiv für Organisationen ist (Choi et al., 2022).

**Link- und Literaturtipp** | Kurzes sehr anschauliches Video des SAP-Fernsehens, wie Achtsamkeit am Arbeitsplatz integriert werden kann: https://www.youtube.com/watch?v=x-jCP7IvuVs
Dieser wissenschaftliche Artikel gibt einen guten Überblick, wie Achtsamkeit in Unternehmen in einer balancierten Art und Weise integriert werden kann: Choi, E., Gruman, J. A., & Craig, M. L. (2022). A balanced view of mindfulness at work. *Organizational Psychology Review, 12*(1), 35–72. https://doi.org/10.1177/20413866211036930

## Wie hilfreich ist ein Achtsamkeitstraining beim Sport?

Malaika Mihambo, Weltmeisterin im Weitsprung, und Novak Djokovic, einer der weltbesten Tennisspieler, schwören auf die Achtsamkeitspraxis. Achtsamkeit im Sport kann das Flow-Erleben steigern, die Aufmerksamkeit verbessern und die Emotionsregulationsfähigkeit fördern (Jekauc & Kittler, 2015). Flow bezeichnet das völlige Aufgehen in einer Situation, wie wenn man z. B. beim Laufen das Gefühl hat, dass alles wie von selbst geschieht und man sich gar nicht anstrengen muss. Achtsamkeit kann aber auch die Aufmerksamkeit verbessern, man kann sich besser auf die Wettkampfsituation einstellen und ist nicht so abgelenkt. Wenn wir durch Achtsamkeit die Emotionen besser regulieren können, bedeutet dies, dass wir auswählen können, welche Emotionen wir an uns heranlassen und welche wir vielleicht in einer Situation besser vermeiden. Es gibt bereits etablierte Achtsamkeitstrainingsprogramme für den Sportbereich, die sich in kleinen Details unterscheiden. So integriert der *Mindfulness-Commitment Approach* die Kernprozesse der Akzeptanz, der kognitiven Defusion, des Gewahrseins, des Selbst als Kontext, der Werte und des engagierten Handelns. Das *Mindful-Sports Performance Enhancement* Programm beinhaltet neben Bestandteilen der Einführung in die Achtsamkeitspraxis, die Stärkung der Aufmerksamkeit, das Erkennen der körperlichen Belastungsgrenzen, das Annehmen dessen, was ist, der Verkörperung und die Etablierung der Achtsamkeit. Im deutschen *Mindful Emotion Programm* von Seidl (Jansen et al., 2018) werden in Blöcken neben den Grundlagen der Achtsamkeit die Themen der Aufmerksamkeit und Wahrnehmung, des Stresses und des Körpers, der Emotionen und Gedanken, der Werte und der Hingabe, der Akzeptanz und Gelassenheit, und ein Ausblick zur Selbstfürsorge gelehrt. Ein anderes deutschsprachiges Programm von Jekauc et al. (2022) umfasst die folgenden Einheiten:

- Einführung in die Achtsamkeit
- Achtsamkeit als Mittel zur Selbsterkenntnis
- Vertiefung der Atemmeditation
- Körperwahrnehmung als Schlüssel zu den Emotionen
- Wahrnehmung der Gedanken
- Wahrnehmung der Gefühle
- Förderung der positiven Gefühle
- Aufbau der Achtsamkeit

Auch wenn die Programme sich im Detail unterscheiden, beinhalten sie die Wahrnehmung und Anerkennung der Gedanken, Gefühle und der körperlichen Prozesse.
Der Körper steht zumeist im Mittelpunkt der Gedanken des Athleten und der Athletin, doch wird er oftmals als ein reines Leistungsobjekt betrachtet. Bei der Achtsamkeit im Sport geht es zunächst nicht darum, den Körper als ein Leistungsobjekt wahrzunehmen, sondern die körperlichen Prozesse nicht wertend wahr- und anzunehmen. Der Beleg der wissenschaftlichen Evidenz der einzelnen Programme beginnt gerade. Zumindest für das MAC-Programm konnte in einer → Metaanalyse die Effektivität in der Verbesserung der Achtsamkeit und von Leistungsparametern nachgewiesen werden (Ptacek et al., 2023). Allerdings wurden in dieser Metaanalyse nur 11 Originalarbeiten berücksichtigt.

**Literaturtipp** | Jekauc, D., Müllberger, L., & Weyland, S. (2022). *Achtsamkeitstraining im Sport.* Heidelberg: Springer.

## Müssen Trainer und Trainerinnen auch achtsam sein, um Achtsamkeit zu vermitteln?

Ja, nur wenn Trainer und Trainerinnen genauso wie Lehrer und Lehrerinnen das Prinzip der Achtsamkeit verinnerlicht haben und es auch selbst praktizieren, sind sie auch in der Lage, es angemessen zu lehren. Einer, der dies sehr verkörpert, ist Phil Jackson, der zu den besten Basketballtrainern der NBA zählte. Für ihn ist es wichtig, im Moment und mit Mitgefühl zu leben und die Fähigkeit zu besitzen, die Kontrolle abzugeben. Trainer und Trainerinnen, die das Prinzip der Achtsamkeit verkörpern, sollten neben der Fähigkeit im jetzigen Moment nicht wertend präsent zu sein, Mitgefühl praktizieren, aus dem Herzen heraus sprechen, sich selbst nicht so wichtig nehmen und jedem im Team seinen oder ihren Weg finden lassen. Darüber hinaus muss jedem Teammitglied bewusst sein, dass nicht der Spielstand das Wichtigste ist, sondern die Atmosphäre, mit welcher gespielt wird. Nicht der Titel selbst, sondern der Weg dahin ist zentral. Phil Jackson wusste, dass der beste Athlet und die beste Athletin möchten, dass auch der sportliche Gegner und die sportliche Gegnerin die besten möglichen sportlichen Voraussetzungen hat. Der Wettkampfcharakter wird im Sinne eines Spiels gesehen. Phil Jackson drückt dies in einem Zitat wie folgt aus:

> „Es bedarf einiger wichtiger Faktoren, um eine NBA-Meisterschaft zu gewinnen. Dazu gehört die richtige Mischung aus Talent, Kreativität, Intelligenz, Härte, und natürlich auch Glück. Fehlt einem Team aber die wichtigste Zutat – Liebe – sind all die anderen Faktoren bedeutungslos." (Jackson, 2022, S. 10)

**Literaturtipps** | In seinem Buch beschreibt Phil Jackson (zusammen mit Hugh Delehanty) nicht nur die faszinierenden Persönlichkeiten im Basketball und ihren Siegeswillen, sondern auch die Bedeutung von Achtsamkeit und Mitgefühl für den sportlichen Erfolg: Jackson, P. (2022). *Die Essenz des Erfolges.* München: FinanzBuch Verlag. Passend dazu auch das englische Buch von Mumford, G. (2016). *The mindful athlete: Secrets to peak performance.* Ypsilanti: Parallax Press.

## Gibt es Achtsamkeit auch in der Politik?

Wenn man sich den Umgang verschiedener Parteien miteinander anschaut, möchte man meinen, dass Achtsamkeit in der Politik noch keine Rolle spielt. Da stellt sich die Frage, ob Politiker und Politikerinnen diesen Begriff überhaupt kennen. Manche sicherlich! So hat Berlins Senatorin für Arbeit, Soziales, Gleichstellung, Integration, Vielfalt und Antidiskriminierung, Cansel Kiziltepe, für mehr Achtsamkeit gegenüber Obdachlosen aufgerufen[7], womit sie an die Aufmerksamkeit der Berliner Bürger und Bürgerinnen appelliert, die Not der Obdachlosen wahrzunehmen.

Jamie Bristow (2019) beschreibt in seinem Artikel, wie bereits in anderen Ländern Politiker und Politikerinnen an einem Achtsamkeitstraining teilnehmen. Ein Beispiel hierfür sind Achtsamkeitstrainings im britischen Parlament, die 2013 begonnen haben. Bis zum Oktober 2018 haben über 200 Politiker und Politikerinnen daran teilgenommen. Diese Kurse wurden von Professor Mark Williams und Chris Cullen vom *Oxford Mindfulness Center* durchgeführt. Darüber hinaus wurden auch zweimal im Jahr Schweigetage angeboten und es gab die Möglichkeit, auch nach dem acht Wochen langen Training an praktischen Übungen teilzunehmen. Durch Achtsamkeit werden folgende Facetten geschult, die in der Politik so wichtig sind:

- Aufmerksamkeit
- Impulskontrolle
- Freundlichkeit
- Meta-Kognition

In Großbritannien z. B. sieht man schon in manchen politischen Bereichen, dass Achtsamkeit nicht nur als gewinnbringend für den Einzelnen angesehen wird, sondern auch für das gesamte System. So sagt der Kongressabgeordnete Tim Ryan, dass die Gesellschaft von Angst und Wut geprägt sei und dass wir versuchen müssten, diesen Einfluss in dem eigenen Leben zu

7 https://www.morgenpost.de/berlin/article239043327/Sozialsenatorin-Mehr-Achtsamkeit-gegenueber-Obdachlosen.html (abgerufen 28.7.23).

reduzieren. Ziel sollte es sein, mit klarem Verstand und nicht leidenschaftlich darüber nachdenken zu können, wie sich eine bessere Zukunft gestalten ließe. Achtsamkeit ist ein gutes Werkzeug, damit dies gelingen könnte.

Die Bedeutung der Achtsamkeitsinterventionen für das Britische Parlament wurde auch mittels einer qualitativen Studie untersucht (Simonsson et al., 2023). Dabei wurden semi-strukturierte qualitative Interviews mit 18 Teilnehmern und Teilnehmerinnen und mit vier Achtsamkeitslehrenden durchgeführt. Insgesamt half das Achtsamkeitstraining den Politikern und Politikerinnen, mit den Anforderungen und dem Stress der politischen Arbeit besser umzugehen. Sie konnten sich darüber hinaus besser mit sich selbst verbinden und waren geerdeter. Wurde Achtsamkeit in einem Gruppensetting unterrichtet, lernten sie, menschlicher und konstruktiver mit anderen Politikern und Politikerinnen und deren Ansichten umzugehen. Die Ergebnisse deuten darauf hin, dass ein Achtsamkeitstraining sowohl auf der persönlichen als auch auf der beruflichen Ebene in der politischen Arbeit von Vorteil sein kann.

Die Bemühungen, Achtsamkeit in die Politik zu bringen, sind Teil der „*The Mindfulness Initiative (MI)*".[8] Diese Initiative schlägt eine Brücke zwischen kontemplativer Praxis und öffentlicher Politik und setzt sich für die innere Dimension des sozialen Wandels ein. Die Initiative setzt sich dafür ein, innere Fähigkeiten in das Gesamtbild der Gesellschaft einzubinden, und unterstützt Politiker und Politikerinnen dabei, die Schulung von Herz und Verstand als eine ernsthafte Angelegenheit der öffentlichen Politik zu behandeln. Die Achtsamkeitsinitiative (MI) wurde gegründet, um die parteiübergreifende parlamentarische Gruppe für Achtsamkeit im Vereinigten Königreich zu unterstützen.

**Linktipp** | In diesem kurzen Beitrag sprechen Politiker und Jon Kabat-Zinn über die Bedeutung, die Achtsamkeit in der Politik haben kann: https://www.youtube.com/watch?v=n2oll2wvfDc

8 https://www.themindfulnessinitiative.org/ (abgerufen 3.12.23).

## Achtsamkeit und Nachhaltigkeit

Unter einem nachhaltigen Verhalten versteht man, die Ressourcen so zu nutzen, dass die Kapazität der Erde nicht überschritten wird. Die von den vereinten Nationen 2015 verabschiedeten 17 Nachhaltigkeitsziele umfassen die relevanten Dimensionen der Ökologie, der Ökonomie und des Sozialen. Dabei ist nachhaltiger Konsum und Produktion ebenso ein Ziel wie Gesundheit und Wohlergehen. Da liegt es auf der Hand, dass angenommen wird, dass Achtsamkeit einen entscheidenden Beitrag leisten kann. Aber wirkt Achtsamkeit nur auf das Nachhaltigkeitsziel Gesundheit und Wohlbefinden oder kann es zum Beispiel auch den nachhaltigen Konsum beeinflussen?

## Verhalten sich achtsame Menschen nachhaltiger?

Diese Frage ist nicht einfach zu beantworten, weil nachhaltiges Verhalten komplex und von vielen Faktoren abhängig ist. Verschiedene Handlungsmodelle erklären, wie es zu einer Veränderung im Verhalten kommen kann: Eine große Rolle spielen dabei z. B. persönliche und soziale Normen, Werte, Intentionen, Gewohnheiten, die wahrgenommene Verhaltenskontrolle und Einstellungen.
Achtsamkeit könnte auf das nachhaltige Verhalten wirken, indem Gewohnheiten infrage gestellt werden, oder versucht wird, das Verhalten in Einklang mit den Einstellungen zu bringen. Ebenso könnten durch die Praxis der Achtsamkeit die eigenen Werte hinterfragt werden, oder vermehrt auf das subjektive Wohlbefinden geachtet werden und die Faktoren der Verbundenheit mit der Natur und des prosozialen Verhaltens gestärkt werden (Geiger et al., 2019).
Bis zu diesem Zeitpunkt gibt es jedoch nur drei kleinere Interventionsstudien, in denen versucht wurde, den Effekt von Achtsamkeitsinterventionen auf das nachhaltige Verhalten zu untersuchen. Es zeigten sich bis dahin keine statistischen Signifikanzen. Gründe hierfür können eine zu kurze Intervention sein oder eine zu geringe Anzahl von Versuchspersonen, aber auch die Messung des nachhaltigen Verhaltens. Hier existieren verschiedene Modelle, wie man nachhaltiges Verhalten misst, manche Forscher und Forscherinnen gehen von einem eindimensionalen Konstrukt aus, andere haben Fragebögen entwickelt, die z. B. nach

- der Phase des nachhaltigen Verhaltens (z. B. Erwerbs- oder Gebrauchsphase),
- der Art des Konsums (z. B. Mobilität, Ernährung, Kleidung),
- der Dimension (z. B. sozial oder wirtschaftlich) unterscheiden.

Andere wiederum nutzen experimentelle Paradigmen, wie z. B. die Bereitschaft für Umweltorganisationen zu spenden, um nachhaltiges Verhalten zu operationalisieren. Ein Schwerpunkt in der weiteren Forschung wird sein, die → Operationalisierung des nachhaltigen Verhaltens zu präzisieren.

**Linktipp** | In dem Jahr, in welchem das Buch entstand, gab es zum ersten Mal eine internationale Konferenz zur Achtsamkeit und Nachhaltigkeit, die International Conference on Environmental Mindfulness, https://www.environmentalmindfulness.org/. Vielleicht haben Sie Lust, der Entwicklung dieser Konferenz zu folgen?

## Kann eine Achtsamkeitspraxis die Einstellung der Menschen zur Nachhaltigkeit verändern?

Einstellungen sind ein wichtiger Bestandteil des Verhaltens, auch wenn sie nicht alleinig für das Verhalten verantwortlich sind. Man spricht auch oft von dem *Attitude-Behavior Gap*, also der Lücke zwischen der Einstellung und dem Verhalten. Vielleicht kennen Sie das: Obwohl Sie die Einstellung haben, dass ein nachhaltiges Mobilitätsverhalten wichtig ist, nehmen Sie oft lieber das Auto als den öffentlichen Nahverkehr.

Das Verhalten wird eben nicht nur durch die Einstellungen bestimmt. Und auch bei den Einstellungen wird es komplizierter. Es gibt nämlich nicht nur die expliziten Einstellungen, also solche, die uns bewusst sind, sondern auch die impliziten, die Einstellungen, denen wir uns gar nicht so bewusst sind. Oft hängen explizite und implizite Einstellungen nicht zusammen, aber beide beeinflussen das Verhalten. Es gibt erste wissenschaftliche Hinweise, dass bestimmte Facetten der Achtsamkeit insbesondere mit den expliziten Einstellungen zusammenhängen.

In einer neueren Studie wurde nachgewiesen, dass ein Achtsamkeitstraining die Einstellung gegenüber der nachhaltigen Ernährung, vegetarischen und veganen Gerichten, positiv beeinflussen kann. Dieser Einfluss zeigte sich nicht auf die fleischbasierte Ernährung, und es zeigte sich auch kein Unterschied zwischen verschiedenen Achtsamkeitsprogrammen, ob diese eher aufmerksamkeits- oder herzzentriert waren bzw. ob es sich um ein autogenes Trainingsprogramm handelt (Winkelmair & Jansen, 2023).

Diese Studie gibt jedoch Anlass anzunehmen, dass Faktoren, die das nachhaltige Verhalten beeinflussen, wie eben Einstellungen, durch ein Achtsamkeitstraining beeinflusst werden können.

**Literaturtipp** | In diesem Abschnitt werden die expliziten und impliziten Einstellungen betont. Diese Unterscheidung, dass das menschliche kognitive Verhalten in vielen Facetten von zwei Systemen bestimmt ist, gilt für viele kognitive Bereiche. Empfehlen möchte ich hier folgendes Buch, welches dies für den Bereich des Denkens darstellt. Kahnemann, D. (2012). *Schnelles Denken, langsames Denken.* München: Siedler-Verlag.

## Was hat innere Nachhaltigkeit mit Achtsamkeit zu tun?

Der Begriff der inneren Nachhaltigkeit ist neu. Zu den 17 Nachhaltigkeitszielen, die von den Vereinten Nationen verabschiedet wurden, gehören aber auch solche, die sich auf die eigene Person beziehen, wie z. B. das dritte Ziel der Gesundheit und des Wohlergehens. Aber auch die Ziele, die Armut und den Hunger zu reduzieren, und hochwertige Bildung und Geschlechtergerechtigkeit zu etablieren, können sich auf das Individuum beziehen. Innere Nachhaltigkeit meint aber noch mehr.

Nach einem Modell von z. B. Christine Wamsler und ihren Kollegen und Kolleginnen können die internalen transformativen Qualitäten, die auf das nachhaltige Verhalten wirken, unter diesem Begriff zusammengefasst werden. Zu diesen transformativen Qualitäten gehören

- Bewusstsein (z. B. Aufmerksamkeit, Selbstreflexion, emotionale Verarbeitung),
- Verbundenheit (z. B. Mitgefühl, Empathie, Generosität),
- Einsicht (z. B. Perspektivenübernahme, relationales Denken),
- Zielsetzung (z. B. Aktivierung der eigenen Werte) und
- Handlungsfähigkeit (z. B. Empowerment, Kooperationsfähigkeit).

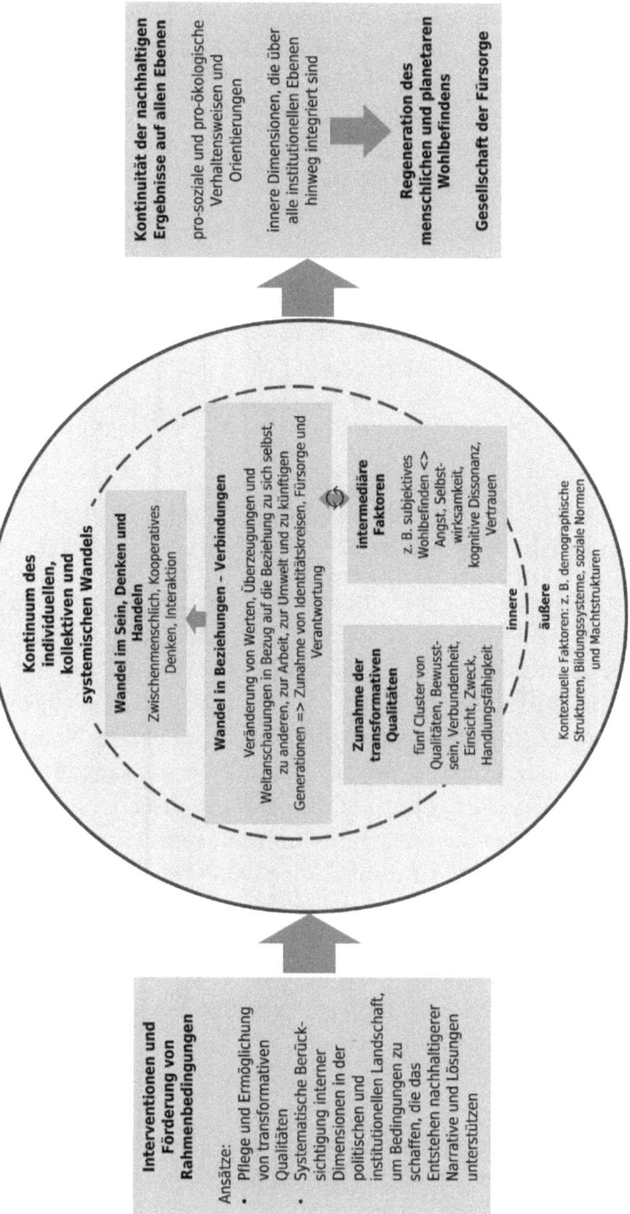


Abbildung 4 | Modell des Kontinuums des individuellen, kollektiven und systemischen Wandels (eigene Darstellung nach Wamsler et al., 2021)

Ein Achtsamkeitstraining kann diese internalen transformativen Qualitäten steigern und mit den intermediären Faktoren des subjektiven Wohlbefindens können die Beziehungen und die Verbundenheit zu anderen und der Natur verändert werden, was wiederum einen Effekt auf das eigene Denken und Handeln hat und somit zu einer Systemveränderung führt (Wamsler et al., 2021). Diese Modellannahme gilt es in Interventionsstudien zu überprüfen.

**Linktipp** | Vielleicht mögen Sie sich hier über die 17 nachhaltigen Ziele, *Sustainable Developmental Goals*, informieren. https://sdg-portal.de/de/. Daneben gibt es auch Bestrebungen, Ziele der inneren Nachhaltigkeit zu formulieren. https://www.innerdevelopmentgoals.org/.

## Welche Rolle spielen die Verbundenheit zur Natur und das prosoziale Verhalten?

Zwei wichtige Faktoren, die zu den internalen transformativen Qualitäten gehören und insbesondere zu dem Faktor der Verbundenheit, sind die Verbundenheit mit der Natur und das prosoziale Verhalten. Sich verbunden mit der Natur zu fühlen, bedeutet ein symbiotisches Bewusstsein für die Wechselbeziehung zwischen sich selbst und dem Rest der Natur zu besitzen. Dies kann auf kognitiver und affektiver Ebene geschehen. Die sanfte Faszination der Natur trägt dazu bei, dass der Mensch in der Natur bewusst oder unbewusst auf seine Umgebung aufmerksam wird, was die Ruhe, die Erholung und die Kontemplation fördert. Dies erscheint sinnvoll, da sich unsere Sinne entwickelt haben, um die natürliche Welt wahrzunehmen (Van Gordon et al., 2018).

Prosoziales Verhalten kann definiert werden als ein Verhalten, das für das Individuum Kosten hat, aber anderen auf der individuellen oder der Gruppenebene zugutekommt.

Wie könnte Achtsamkeit auf die beiden Faktoren der Verbundenheit wirken?

Ein Mechanismus kann der Perspektivenwechsel sein. Ein Achtsamkeitstraining verbessert die Fähigkeit, die Perspektive zu wechseln. Diese Fähigkeit ermöglicht es, Dinge nicht nur aus der eigenen Perspektive zu sehen, sondern aus der Perspektive eines anderen und ist somit die Grundlage des prosozialen Verhaltens. Eine Facette der → dispositionalen Achtsamkeit ist der Aspekt des äußeren Gewahrseins. Diese Facette hängt mit der Verbundenheit zur Natur zusammen. Das äußere Gewahrsein wird in Fragebögen zur Achtsamkeit z. B. mit Aussagen, wie „Ich bemerke Töne in meiner Umgebung, wie z. B. den Vogelgesang oder vorbeifahrende Autos“ abgefragt. Die → Probanden müssen auf einer mehrstufigen Skala angeben, ob diese Aussage für sie zutrifft oder nicht.

So gibt es viele Möglichkeiten, wie die Natur in achtsamkeitsbasierten Interventionen mit einbezogen werden könnte (Van Gordon et al., 2018):

- Einige Elemente der Natur könnten in die Achtsamkeitsintervention integriert werden (wie z. B. das Meditieren in den Bergen mit einem Weitblick und der Anwendung der *Open-Monitoring Meditation*).
- Eine andere Methode besteht darin, das meditative Gewahrsein durch Beobachtung und Kontemplation bestimmter Eigenschaften der natürlichen Umgebung zu verbessern. Wenn man zum Beispiel achtsam neben einem Fluss spazieren geht, kann man den Fluss beobachten und über bestimmte Fragen nachdenken wie z. B., ob es derselbe Fluss ist, wenn ich mich von ihm für eine kurze Zeit abwende und dann wieder zuwende.
- Man könnte auch einen Baum beobachten und sich z. B. folgende Frage stellen: Da der Baum und ich dieselbe Luft, dasselbe Wasser und dieselben Nährstoffe teilen, wie kann man sagen, dass ich vom Baum getrennt bin? Fragen wie diese helfen, ein Verständnis für die Verbundenheit zur Natur zu gewinnen.

Aber es fehlen auch hier noch weitere Interventionsstudien, die die Bedeutung eines Achtsamkeitstrainings auf die Aspekte der Verbundenheit nachweisen.

**Literaturtipp** | Eine interessante wissenschaftliche Studie, die die Konzepte von Achtsamkeit, Verbundenheit mit der Natur, persönliche ökologische Normen und nachhaltiges Verhalten verbindet, ist die Folgende: Richter, N., & Hunneke, M. (2022). Mindfulness, connectedness to nature, personal ecological norm and pro-environmental behavior: A daily diary study. *Current Research in Ecological and Social Psychology*, 3, 100038. https://doi.org/10.1016/j.cresp.2022.100038

## Gibt es ein spezifisches naturnahes Achtsamkeitsprogramm?

Als ein naturbasiertes Achtsamkeitsprogramm gilt das *Restoration Skills Training* (ReST). Es ist ein fünfwöchiger meditationsbasierter Kurs, der in einer natürlichen Umgebung stattfindet (Lymeus et al., 2019).

ReST wurde zum einen mit dem Ziel entwickelt, mühelos einen meditativen Zustand aufzubauen, der auf erholsamen, von der Umwelt unterstützten Erfahrungen beruht und zum anderen sollte ReST im Laufe der Zeit einen Nutzen bringen, der mindestens mit dem eines konventionellen Achtsamkeitstrainings vergleichbar ist. Der ReST-Ansatz für die Meditation basiert auf der Erforschung von Sinneseindrücken und damit verbundenen Erfahrungen in einer angenehmen und interessanten Umgebung, die durch Vegetation, Wasser und andere natürliche Merkmale und Prozesse gekennzeichnet ist. In der Praxis integriert ReST die gut etablierten Achtsamkeitskonzepte und -praktiken aus einem → MBSR-Kurs mit dem Wissen über restaurative Umgebungen.

Unter *Restoration* kann man das Auffüllen der eigenen (kognitiven) Speicher verstehen, die sich z. B. aufgrund von auslaugenden Aufgaben geleert haben. Untersuchungen haben gezeigt, dass Naturkontakte mehr als vergleichbare Aktivitäten in geschlossenen oder städtischen öffentlichen Räumen zu einer Verbesserung der Anpassungsfähigkeit führen können, was sich z. B. in einer verbesserten Leistung bei Tests der selektiven und exekutiven Aufmerksamkeit zeigte. Dabei hat sich gezeigt, dass gerade Menschen, die mit der Achtsamkeitspraxis beginnen, seltener bei ReST-Programmen aufhören als bei konventionellen Achtsamkeitsprogrammen.

**Literaturtipp** | Dies ist eine interessante wissenschaftliche Studie, die darstellt, dass die naturnahe Umgebung und ein ReST-Programm die Compliance mit einem achtsamkeitsbasierten Programm erhöht: Lymeus, F., Lindberg, P., & Hartig, T. (2019). A natural meditation setting improves compliance with mindfulness training. *Journal of Environmental Psychology, 64*, 98-106. https://doi.org/10.1016/j.envp.2019.05.008

## Was besagt IMAGINE, das Modell der inneren Transformation zum nachhaltigen Verhalten?

Achtsamkeit kann die Entwicklung der internalen transformativen Qualitäten fördern. Die Forschung und Praxis zu den inneren Dimensionen der Nachhaltigkeit hat stark zugenommen. Unter dem Akronym IMAGINE wurden die Kernbeiträge des neu entstandenen Forschungsbereichs der inneren Transformation zusammengefasst.

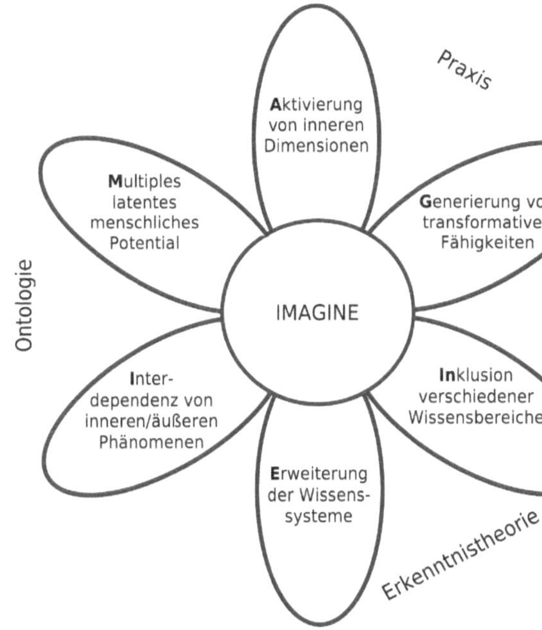


Abbildung 5 | IMAGINE-Modell (eigene Darstellung nach Ives et al., 2023)

Aus einer ontologischen Perspektive integriert die innere Transformationsforschung die Abhängigkeit von inneren/äußeren und individuellen/kollektiven/systemischen Phänomenen sowie das in jedem von uns schlummernde multiple Potenzial zur Ermöglichung eines transformativen Wandels.

Aus einer praktischen Perspektive bedeutet dies, dass durch die Aktivierung innerer Phänomene auf ganz verschiedenen Ebenen und durch

die Schaffung innerer transformativer Kapazitäten durch bestimmte Praktiken nachhaltiges Verhalten gefördert wird.
Epistemologisch bedeutet dies, dass verschiedene Perspektiven mit einbezogen werden müssen und eine Wissenserweiterung der Nachhaltigkeitsthematik stattfinden muss, in die auch andere Zugänge, wie z. B. die Introspektion, genutzt werden. Ein Grundgedanke ist, dass wenn Nachhaltigkeitsherausforderungen wie der Klimawandel weiterhin als rein externe Herausforderungen und nicht als menschliche und relationale Krisen mit tiefen Wurzeln behandelt werden, die Lösungen der Nachhaltigkeitsherausforderungen weiterhin schwer zu finden sind.

**Literaturtipp** | Vielleicht mag es sich für den oder die eine lohnen, den Grundgedanken des IMAGINE-Modells zu lesen: Ives, C.D., Schäpke, N., Woiwode, C. & Wamsler, Ch. (2023). IMAGINE sustainability: integrated inner-outer transformation in research, education and practice. *Sustainability Science,* 18, 2777–2786. https://doi.org/10.1007/s11625-023-01368-3

## Achtsamkeit und Digitalisierung

Digitalisierung ist eines der großen Themen unserer heutigen Zeit; der Umgang mit der Digitalisierung fordert auf allen Ebenen der Anwender und Anwenderinnen Kompetenzen. In diesem Kapitel wird die Frage behandelt, ob Achtsamkeit eine dieser Kompetenzen sein kann, mit den Anforderungen, die die Digitalisierung mit sich bringt, stressfrei umgehen zu können. Auch wenn die Bejahung dieser Frage auf der Hand zu liegen scheint, ist die wissenschaftliche Evidenz hierzu zurzeit noch gering.

## Warum soll Achtsamkeit bei der Digitalisierung helfen?

Es existieren zahlreiche Definitionen zu Digitalisierung. Eine dieser Definitionen, die sich auch in einer abgewandelten Version in Wikipedia wiederfinden lässt, ist die von Wolf und Strohlschen (2018, S. 58):

> „Wir sprechen von Digitalisierung, wenn analoge Leistungserbringung in einem digitalen, computerhandbaren Modell ganz und teilweise ersetzt wird."

Um die gestellte Frage zu beantworten, ist es wichtig Kompetenzen zu kennen, die bei der Digitalisierung wichtig sind. In dem von der Europäischen Kommission herausgegebenen Rahmenmodell der digitalen Kompetenzen für den Bürger (DigComp 2.2) werden folgende Kompetenzen beschrieben (European Commission, Joint Research Centre, Vuorikari et al., 2022):

- Bildung für den Umgang mit Daten und Informationen (z. B. Bewertung der Daten)
- Kommunikation und Zusammenarbeit (z. B. die Interaktion mit anderen mittels digitaler Medien)
- Kreation des digitalen Inhaltes (z. B. Programmierfähigkeit und Lizenzen)
- Sicherheit (z. B. Schutz der persönlichen Daten)
- Problemlösefähigkeit (z. B. die Fähigkeit, technische Probleme zu lösen)

Nimmt man sich nur als Beispiel den ersten Punkt heraus, Umgang mit Daten und Informationen, ist eine wichtige Frage, welche Informationen wichtig und welche unwichtig sind. Das hat natürlich etwas mit dem Wissen zu tun, aber auch mit der Fähigkeit, Wichtiges von Unwichtigem zu unterscheiden, bzw. der Fähigkeit, (automatische) Reaktionen auf Unwichtiges zu unterdrücken, der so genannten → Inhibitionsfähigkeit. Auch wenn es zahlreiche Einträge zur Achtsamkeit und Digitalisierung im Internet gibt, auch Workshops, fehlt es m. E. noch an wissenschaftlichen → randomisiert-kontrollierten Studien, die dieses Thema mit einer genügend großen Anzahl von Versuchspersonen untersuchen.

Wissenschaftlich können wir nur über andere Studien schließen, ob Achtsamkeit z. B. bei dem Umgang mit der täglichen Informationsflut helfen kann. Diese Studien sind jedoch rar, und vielmehr fokussieren sie auf spezifische Trainingsprogramme, wie z. B. konkrete Trainingsprogramme für den Umgang mit Emails oder die Nutzung des Internets, aber auch bezogen auf ein Zeitmanagement-Training (Arnold et al., 2023). Aber ohne, dass es wissenschaftlich in großen Studien belegt ist, weiß man, dass durch ein Achtsamkeitstraining Routinen unterbrochen werden können – übertragen könnte das bedeuten, dass die Routine, sich stundenlang im Internet zu verlieren, unterbrochen werden könnte. Auch die Fähigkeit, nicht direkt auf einen Reiz, wie z. B. eine E-Mail, impulsiv zu reagieren, wie sie durch Achtsamkeit geschult wird, könnte beim Umgang mit den digitalen Medien helfen, so könnte man meinen! Wissenschaftliche Evidenz gibt es dafür nicht, ganz im Gegenteil, so konnte gezeigt werden, dass ein Achtsamkeitstraining keinen Effekt auf das impulsive Verhalten bei gesunden Erwachsenen hatte (Korponay et al., 2019).

**Linktipp** | Der Forschungsverbund ForDigitHealth hat ein kurzes Video zu digitalem Stress erstellt. „Was ist digitaler Stress?“ findet sich unter https://www.youtube.com/watch?v=Ew4HuDvMp1I.

## Kann man achtsam mit Social Media umgehen?

Social Media – Facebook, Instagram, TikTok etc. – beeinflusst das Leben vieler Menschen auf die ein oder andere Weise und gerade junge Menschen können sich ein Leben ohne Social Media oft nicht mehr vorstellen. Dabei hat sich gezeigt, dass die Social Media Nutzung auch zu Depressionen führen kann, wobei es weniger auf die Quantität der Interaktionen, sondern auf die Qualität ankommt (Davila et al., 2012).
In einer weiteren Studie wurde nachgewiesen, dass Achtsamkeit als eine Eigenschaft von Personen ein wichtiger Faktor sein kann, der den Zusammenhang zwischen der Social Media Nutzung und dem Auftreten einer Depression bei jungen Menschen zwischen 17 und 24 Jahren mediiert (Jones et al., 2022).
Die Komponente „Bewusstsein“ mediiert die Beziehung zwischen der verhaltensbezogenen („Die Nutzung der sozialen Medien gehört zu meiner täglichen Aufgabe“), affektiven („Ich fühle mich gelangweilt, wenn ich keine sozialen Medien nutzen kann“) und kognitiven („Die Unterstützung von anderen durch die sozialen Medien ist für mich sehr wichtig“) Ebene des sozialen Medienengagements und des Auftretens einer Depression. Darüber hinaus zeigte sich ein mediierender Effekt der

Facetten „Nichturteilen“, „Nichtreagieren“ und „Beschreiben“ zwischen der affektiven Komponente der Mediennutzung und dem Auftreten einer Depression.
Diese Studie legt also nahe, dass gewisse achtsamkeitsbezogene Eigenschaften dem Einzelnen helfen können, dass der Social Media Konsum keine negativen psychischen Konsequenzen nach sich zieht. Man könnte auch daraus schließen, dass, wenn man diese oben genannten Achtsamkeitsfacetten trainiert, sich die negativen Effekte, die mit der Social Media Nutzung einhergehen, reduzieren. Bislang gibt es wenige Interventionsstudien, die sich mit der Frage beschäftigen.
Die Ergebnisse einer kürzlich erschienenen Studie mit chinesischen Studierenden (Liu et al., 2022) zeigte, dass eine kurze 30-minütige Achtsamkeitsintervention dazu führte, dass die problematische Smartphone Nutzung reduziert wurde, und dass hierbei die Selbstkontrolle eine wichtige Variable war. Es wurde jedoch nicht explizit nach der Social Media Nutzung gefragt. Hier existiert sicherlich ein Forschungsdesiderat.

**Linktipp** | Ein interessantes Interview mit Thích Nhất Hạnh mit der Frage, ob wir achtsam sein können, wenn wir soziale Medien und Smartphones nutzen, können Sie hier finden: https://www.youtube.com/watch?v=WZeA3pp6HjQ

## Hilft Achtsamkeit bei der Digitalisierung in der Schule?

Von einer Bildungsperspektive ausgesehen, kann der Einsatz digitaler Technologien als Anwendung der Informations- und Kommunikationstechnologie im Unterricht angesehen werden. Dieser Einsatz hat sowohl Vorteile wie z. B. das höhere Engagement der Schüler und Schülerinnen für den Inhalt, oder auch die Verbesserung der technischen Fähigkeiten, aber auch Nachteile, zu denen z. B. die Informationsflut oder die geringeren persönlichen Interaktionen gehören.
Die kognitiv-affektive soziale Theorie des Lernens in digitalen Umgebungen (CASTLE; Schneider et al., 2022) geht davon aus, dass kognitive

und affektiv-soziale Prozesse für das Lernen in digitalen Umgebungen wesentlich sind. Zu den kognitiven Prozessen gehören z. B. Aufmerksamkeitsprozesse, das Arbeitsgedächtnis, und die → Inhibitionsfähigkeit, die für die Auswahl verbaler und nonverbaler Informationen relevant sind.

Sozial-affektive Prozesse spielen dann eine Rolle, wenn sich in dem digitalen Informationsmaterial soziale Hinweise „verstecken", die soziale Schemata aktivieren. Da achtsamkeitsbasierte Interventionen bei Kindern im Alter unter 13 Jahren zu einer Verbesserung der Aufmerksamkeits- und Inhibitionsleistung führen können (Jansen et al., 2016), kann davon ausgegangen werden, dass ein Achtsamkeitstraining die kognitiven Prozesse beim Lernen in digitalen Umgebungen stärkt. Durch die sozialen Hinweise im digitalen Lernmaterial, wenn z. B. eine menschliche Person mit einer bestimmten Figur und Mimik gezeigt wird, kann das bei dem Schüler oder der Schülerin, bestimmte emotionale Prozesse, die z. B. mit der Bewertung des eigenen Aussehens zu tun haben, hervorrufen.

Weil ein Achtsamkeitstraining den Umgang mit Bewertungen schult, können wir annehmen, dass es auch auf den sozial-affektiven Pfad beim Lernen wirkt. Auch wenn wissenschaftliche Untersuchungen zum Zusammenhang der Achtsamkeit in Bezug auf affektive-soziale Phänomene beim Lernen in digitalen Umgebungen noch fehlen, bietet es sich vielleicht dennoch schon an, kurze aufmerksamkeitsbasierte Achtsamkeitsübungen, wie die Stopp-Übung, und auch affektive Achtsamkeitsübungen, wie die Meditation der liebenden Güte, die Metta-Praxis, in den Unterricht zu integrieren (Jansen & Quaiser-Pohl, 2024).

**Linktipp** | In der bekannten 7-mind App gibt es eine Version für Kinder und Jugendliche, vielleicht mag der eine Leser oder die andere Leserin dieses Beispiel einmal anhören. https://www.youtube.com/watch?v=mA96LnY70eU

## Was bringen virtuelle Online-Achtsamkeitsprogramme?

Achtsamkeitsprogramme können nicht nur in Person, sondern auch online durch ein Videoprogramm gelehrt werden. Gerade mit Beginn der Coronavirus-Pandemie wurden solche Formate häufiger entwickelt und auch angewendet. Diese Programme können angeleitet oder selbstgesteuert sein.

Einige wenige Studien, die es zur Effektivität von angeleiteten virtuellen Achtsamkeitsprogrammen gibt, zeigen positive Effekte. In einer Studie, die während der Coronavirus-Pandemie bei Studierenden an der Universität Oxford durchgeführt wurde, nahmen zu Beginn 177 Studierende teil. Sie wurden randomisiert entweder der Experimental- oder der Wartekontrollgruppe, die das Programm später erhielt, zugewiesen. Die Experimentalgruppe erhielt über acht Wochen einmal wöchentlich 90 Minuten einen Achtsamkeitskurs. Sie wurden auch aufgefordert, zu Hause ca. 20 bis 30 Minuten Achtsamkeit pro Tag zu praktizieren. Die Ergebnisse zeigten, dass die Versuchsteilnehmer und Versuchsteilnehmerinnen aus der Achtsamkeitsgruppe ihre Angstsymptome stärker reduzierten als die Teilnehmer und Teilnehmerinnen aus der Wartekontrollgruppe (Simonsson et al., 2021).

In einer weiteren Studie mit 144 chinesischen Studierenden während der Coronavirus-Pandemie wurde die Effektivität einer videobasierten Achtsamkeitsintervention untersucht. Im Gegensatz zur vorher präsentierten Studie wurde hier keine Wartelistenkontrollgruppe, sondern eine aktive Kontrollgruppe etabliert, die ein emotional-soziales Programm erhielt. Die Interventionen erstreckten sich über einen vierwöchigen Zeitraum mit einer wöchentlichen einstündigen Intervention. Die Achtsamkeitsintervention wurde zuvor mit Studierenden und Experten entwickelt, darüber hinaus wurde ein kurzer WeChat konstruiert, der auch für die tägliche Praxis genutzt wurde. Dieses Mini-Programm enthielt 20 kurze Videos und Audio-Dateien. Bei der Kontrollgruppe wurden soziale und emotionale Inhalte behandelt. Die Ergebnisse zeigten, dass beide Programme effektiv waren, den Stress während der Coronavirus-Pandemie zu reduzieren, wobei die Achtsamkeitsintervention besonders effektiv bei der Reduzierung für Angstsymptome war (Sun et al., 2022). Die Häufigkeit der Teilnahme war bei den Teilnehmern und Teilnehmerinnen der Achtsamkeitsgruppe höher als bei den Personen der Kontrollgruppe. Beide Programme erwiesen sich aber als gut einsetzbar.

**Linktipp** | Wie bereits erwähnt, können Sie hier nach geeigneten z. B. MBSR-Kursen suchen, ganz detailliert können sie auch nach Online-Kursen suchen: https://www.mbsr-verband.de/kurse/privatpersonen

## Wie wirkungsvoll sind Meditationsapps bzw. mobile Achtsamkeitsprogramme?

Neben den online bzw. virtuellen Achtsamkeitsprogrammen existieren mobile Achtsamkeitsprogramme, die auf dem Tablet, dem Computer oder dem Smartphone genutzt werden können. Diese enthalten Audios, Videos und zum Teil Lehrmaterial und können von dem Anwender oder der Anwenderin selbstgesteuert genutzt werden. Sie sind also nicht nur orts-, sondern auch zeitunabhängig.

In einem systematischen Review wurden die Arbeiten zur Effektivität der Anwendung eines mobilen Achtsamkeitsprogrammes untersucht. Dabei wurden nur → randomisiert-kontrollierte Studien mit Erwachsenen in unterschiedlichen Kontexten miteinbezogen. Mögliche Kontrollgruppen waren andere Interventionen, → Placebo-Gruppen, eine → Wartelistenkontrollgruppe oder Gruppen von Personen, die eine ähnliche Intervention erhielten.

Die Ergebnisse zeigten, dass durch die Anwendung des mobilen Achtsamkeitsprogrammes sich die Achtsamkeitsfähigkeiten verbesserten, und depressive und Stress-Symptome abnahmen. Es konnte jedoch keine Angstreduzierung nachgewiesen werden, was sich von anderen systematischen Reviews unterscheidet. Die Ergebnisse waren umso größer, wenn das Programm länger als acht Wochen angewendet wurde und wenn die Kontrollgruppe eine Wartelistenkontrollgruppe war (Tan et al., 2022). Darüber hinaus konnte gezeigt werden, dass Frauen mehr als Männer von den mobilen Achtsamkeitsinterventionen profitieren, wobei dieser Effekt zunächst mit Vorsicht betrachtet werden und durch weitere Studien mit einer größeren Anzahl von Frauen und Männern untermauert werden muss. Weiterhin darf nicht vergessen werden, dass die Studien zumeist Fragebögen integrierten, die immer auf einer Selbstauskunft basierten und nur die kurzfristigen Effekte, d. h. nach Beenden der mobilen Anwendung, untersucht wurden.

**Linktipps** | Mir gefällt diese Achtsamkeits-App sehr gut, schauen Sie doch einfach mal rein. Sie gibt es zurzeit leider nur auf Englisch, ist kostenfrei und behandelt die vier Aspekte des Bewusstseins, der Verbundenheit, der Einsicht und der Zielsetzung. Die App bietet auch das Monitoring des eigenen Wohlbefindens. Sie wurde unter anderem von

Prof. Dr. Richard Davidson, einem sehr prominenten Neurowissenschaftler, der sich mit Achtsamkeitsfragen beschäftigt, mit entwickelt: https://play.google.com/store/apps/details?id=com.healthyminds&hl=de&gl=US

Für den Anwender und die Anwenderin ist es manchmal nicht ganz leicht, geeignete Achtsamkeits-Apps zu finden. Hier kann man sich über die Qualität bestimmter Apps zur Stärkung der mentalen Gesundheit informieren: German Mobile Health App Database https://mhad.science/en/.

## Verwandte Konzepte zur Achtsamkeit

So wie Achtsamkeit in der westlichen Welt verstanden wird, bezieht es sich sehr auf die nicht wertende Präsenz im jetzigen Moment. Aber bereits 2004 hat Jon Kabat-Zinn auch auf die sanfte und weiche Qualität von Achtsamkeit hingewiesen, die eher als *Heartfulness* bezeichnet werden kann. Manche Autoren und Autorinnen fassen unter *Heartfulness* die Themen des Selbstmitgefühls und der Dankbarkeit auf. In diesem Kapitel sollen die verwandten Konzepte der Achtsamkeit und ihre mögliche Wirksamkeit näher beschrieben werden.

## Wie hängen Mitgefühl und Achtsamkeit zusammen?

Mitgefühl ist eine emotionale Reaktion darauf, dass wir den emotionalen Zustand einer anderen Person wahrnehmen und Gefühle des Bedauerns für diese Person empfinden. Es führt oftmals zu prosozialem Verhalten (Eisenberg et al., 2014).

Mitgefühl ist etwas anderes als Empathie, welche eher als Einfühlungsvermögen beschrieben werden kann. Empathie kann auch zu einer eher negativen Reaktion, wie dem Gefühl der Ohnmacht führen (Jansen, 2022). Mitgefühl ist eine der vier → Brahmaviharas und kann somit als Bestandteil der Achtsamkeitspraxis angesehen werden. In den → MBSR-Kursen wird es jedoch nicht vertieft angesprochen. Hier bieten sich die MBCL, die *Mindfulness-Based Compassionate Living* Kurse an (Stöcker et al., 2020), die als Folgekurse geeignet sind, wenn man bereits einen MBSR- (Mindfulness-*Based Stress Reduction*) oder einen MBCT-Kurs (*Mindfulness-Based Cognitive Therapy*) absolviert hat.

Im MBCL-Kurs steht die Entwicklung des Mitgefühls für andere und des Selbstmitgefühls (→ Was ist Selbstmitgefühl?) im Mittelpunkt. Sie sind untrennbar miteinander verbunden. Die Achtsamkeitspraxis ist im MBCL-Kurs eine Voraussetzung. Der Kurs vertieft die bereits etablierte Achtsamkeitspraxis und erweitert sie um mitgefühlsbetonte Übungen, formeller und informeller Art. Wie wäre es z. B., wenn Sie jemandem, dem Sie zufällig begegnen, etwas Liebevolles wünschen und dies auch mit Ihrer Körperhaltung ausdrücken.

Van den Brink und Koster (2013) geben viele Beispiele, wie Mitgefühl geübt werden kann. Sie verweisen z. B. auf Christoph Germer und die Anwendung des *FACE-Modells* (Van den Brink & Koster, 2013, S. 199-200):

- F *Feel:* Fühlen, was anliegt
- A *Accept, acknowledge or allow*: Dies verweist auf die Haltung des Anerkennens und Zulassens, mit dem die Gewahrwerdung einhergeht
- C *Compassionately note:* Zeuge sein, des Schmerzes oder des Leidens, das man erfährt, und mit Mitgefühl oder Verständnis dabei verweilen
- E *Expect skillful action* oder *express wisdom*: Erwarte eine geschickte, kluge Art des Handels, die sich aus den ersten drei Punkten ergibt

**Übung | Atmen für ein größeres Herz** (Van den Brink & Koster, 2013, S. 236):
*Stellen Sie sich aufrecht mit etwas breiter als hüftbreit geöffneten Beinen hin. Knie und Knöchel bleiben locker. Die unteren Bauchmuskeln sind leicht aktiviert. Die Arme sind vor dem Unterleib gekreuzt, rechts über links.*
Führen Sie jetzt die Ellenbogen beim Einatmen in einer Bewegung nach oben, als ob Sie einen Pullover ausziehen würden. Der rechte Arm liegt über dem linken Arm.
Führen Sie die Arme vollständig nach oben bis über den Kopf.
Führen Sie die Arme beim Ausatmen seitwärts nach unten und kreuzen Sie sie vor dem Unterleib, jetzt links über rechts.
Wiederholen Sie die Übung mindestens fünfmal, wobei Sie die Arme stets im Wechsel kreuzen. Richten Sie die Aufmerksamkeit immer auf das Herz. Beobachten Sie, was Sie erfahren, wenn die Arme nach oben gehen und wenn die Arme wieder nach unten sinken.

**Literaturtipp** | Dieses Buch gibt basierend auf Forschungsergebnissen einen Überblick über die Entwicklung des Mitgefühls in der Lebensspanne und über die Faktoren, die hiermit im Zusammenhang stehen: Kienbaum, J. (Hrsg.) (2023). *Die Entwicklung von Mitgefühl.* Stuttgart: Kohlhammer.

## Was ist Selbstmitgefühl?

Selbstmitgefühl bedeutet, sich selbst die beste Freundin oder der beste Freund zu sein. Selbstmitgefühl (Neff, 2003) umfasst die Aspekte Selbstfreundlichkeit, Erfahrung des gemeinsamen Menschseins und Achtsamkeit. Diese drei positiven Aspekte haben drei negative Gegenspieler, nämlich Selbstverurteilung, Isolation und Überidentifizierung.
Selbstfreundlichkeit bedeutet sich selbst so zu behandeln, wie man eine gute Freundin oder einen guten Freund in einer schwierigen Lage behandeln würde. Haben Sie sich schon einmal beobachtet, wie Sie sich selbst behandeln, wenn Sie etwas falsch gemacht haben? Liebevoll oder eher abwertend:

> „Ach, ich bin ja wirklich zu dumm, um diese Aufgabe zu lösen“.

In diesem Fall würden Sie eher die Selbstverurteilung als die Selbstfreundlichkeit praktizieren. Vielleicht sagen Sie aber auch zu sich selbst:

> „Ach, das ist nicht so schlimm, vielen Menschen passiert das auch mal, ich bin da nicht allein!“

Wenn Sie so einen Satz zu sich selbst sagen, dann spüren Sie das gemeinsame Menschsein. Wenn Sie aber denken, dass nur Ihnen allein so etwas passieren kann, dann spüren Sie die Isolation.

Die dritte Komponente, die Komponente der Achtsamkeit bezieht sich darauf, dass Sie sich ihrer negativen Gedanken bewusstwerden.

Selbstmitgefühl wird seit mehr als 20 Jahren extensiv erforscht. Selbstmitgefühl wurde im Zusammenhang mit vielen anderen psychologischen Variablen, z. B. mit den Variablen des Wohlbefindens und der mentalen Gesundheit, untersucht. Hier zeigte sich ein positiver Zusammenhang in Korrelationsstudien und ein positiver Effekt von Interventionen zum Selbstmitgefühl (Swami et al., 2021).

Kristin Neff erweiterte den Begriff des Selbstmitgefühls noch um den Begriff des kraftvollen Selbstmitgefühls (Neff, 2022). Sanftes Selbstmitgefühl integriert die nährende Energie, das Leiden zu lindern, kraftvolles Selbstmitgefühl bezieht sich auf eine handelnde Energie zur Leidensminderung. Beides sind wichtige Aspekte bei der Leidensminderung. Gerade für Frauen kann das kraftvolle Selbstmitgefühl sehr wirksam sein. Wichtig ist zu wissen, dass Selbstmitgefühl nicht dasselbe wie Selbstmitleid ist. Beim Selbstmitleid bedauert man sich selbst die ganze Zeit, und man kommt aus der Spirale der negativen Gedanken nicht mehr heraus. Man dreht sich nur um sich selbst. Selbstmitgefühl ist aber geprägt durch eine Verbundenheit zu anderen Menschen und durch einen wärmenden Umgang mit sich selbst.

**Linktipp** | Auf ihrer Website selfcompassion.org gibt Kristin Neff viele Übungsbeispiele und auch geführte Meditationen. Eine sehr wirksame Übung ist die Selbstmitgefühlspause, die Sie hier finden können: https://self-compassion.org/wp-content/uploads/2015/12/self-compassion.break_.mp3

## Wie unterscheidet sich die Komponente der Achtsamkeit im Selbstmitgefühl von der sonstigen Achtsamkeitspraxis?

In ihrem Buch des Unterrichtens von Achtsamkeit gehen Christopher Germer und Kristin Neff (2021) auf diese Frage detailliert ein: Die Kernelemente des am häufigsten genutzten Achtsamkeitstraining MBSR sind

- Atemmeditation,
- Body-Scan,
- achtsame Bewegung.

Implizit vermitteln die MBSR-Lehrer und -Lehrerinnen auch Mitgefühl, aber das Hauptziel ist das Entwickeln innerer Gelassenheit. Diese drei Kernelemente werden für die Übungen im Selbstmitgefühl durch das Element der Herzenswärme ergänzt.

So soll man sich zum Beispiel im Body-Scan darauf konzentrieren, anzuerkennen, was jeder Teil des Körpers leistet und sich selbst erlauben, dies mitfühlend wahrzunehmen, praktisch sein Herz für die Situation öffnen. Die Meditation der liebevollen Güte wird bei den Kursen zum Selbstmitgefühl ein Kernelement, in den → MBSR-Kursen wird sie häufig nur an dem → Retreat-Tag praktiziert. Zusammenfassend mag man sagen, dass Achtsamkeit im MBSR-Kurs ein Gewahrsein im gegenwärtigen Moment ist, Achtsamkeit in einem Selbstmitgefühlskurs eher liebevolle Wärme sich selbst gegenüber in Krisenzeiten bedeutet.

**Literaturtipp** | Wenn Sie sich sehr für Kurse in Selbstmitgefühl interessieren und vielleicht mit dem Gedanken spielen, eine Ausbildung in diesem Bereich zu machen, dann lohnt es sich meines Erachtens sehr, einen Blick in das Buch des Unterrichtens von Selbstmitgefühl von Christopher Germer und Kristin Neff (2021) zu werfen.

## Was ist Heartfulness?

*Heartfulness* ist im Gegensatz zur Achtsamkeit und zum Selbstmitgefühl in der Forschung kein etablierter Begriff, auch wenn er immer mal wieder auftaucht. Selbst Jon Kabat-Zinn hat schon erwähnt, dass Achtsamkeit neben der Qualität des gegenwärtigen Bewusstseins, eine sanfte emotionale Qualität hat, die man mit *Heartfulness* bezeichnen kann.

*Heartfulness* kann im deutschen mit Herzenswärme oder Herzensgüte übersetzt werden. Nach einer Definition von Voci et al. (2019) umfasst *Heartfulness* zwei Dimensionen, nämlich die Herzensgüte sich selbst gegenüber, also das Konzept des Selbstmitgefühls, und die Herzensgüte anderen Menschen gegenüber, die mit dem Konzept der Dankbarkeit beschrieben werden kann.

Dankbarkeit resultiert aus der Einsicht, dass man selbst etwas Positives erreicht oder erlebt hat und dass eine andere Person dafür verantwortlich ist. Aber *Heartfulness* kann auch im Zusammenhang zu den → Brahmaviharas, die Liebe, Mitgefühl, Mitfreude und Gleichmut umfassen, gesehen werden. Menschen, die aus dem Herzen heraus leben, leben mit Freundlichkeit und Gleichmut.

In Ergänzung zu den präsentierten Erklärungen schreibt Niemiec (2017), dass *Heartfulness* bedeutet, moralische Werte zu nutzen, um der Welt etwas Gutes zu geben: Wenn wir Herzenswärme zeigen, zeigen wir unsere besten moralischen Werte uns selbst und anderen gegenüber. Neben diesen verschiedenen Auffassungen von *Heartfulness* existiert auch die *Heartfulness* Meditation. Auf zahlreichen Internetseiten wird diese angeboten, ebenso wie ähnliche Kurse. Über ihre wissenschaftliche Evaluierung ist wenig bekannt.

**Linktipp** | Als eine Meditation, die das Herz mit einschließt, kann ich die Herz-Meditation von Tara Brach empfehlen: https://www.youtube.com/watch?v=8x-QmEB4REg

## Was hat Dankbarkeit mit Achtsamkeit zu tun?

Dankbarkeit ist eine kognitive und emotionale Reaktion auf Benefits, die man bekommt. Diese Benefits können sein Hilfen, Besitztümer, positive Beziehungen, das Positive in einem bestimmten Moment oder einfach das Gefühl, dass man etwas gut gemacht hat.

Dankbarkeit kann also eine Reaktion auf etwas sein (eher ein momentaner State-Zustand) oder auch eine Eigenschaft (eher ein Trait-Zustand) (Wood, 2014).

Einige Arbeiten haben sich mit dem Zusammenhang von Achtsamkeit und Dankbarkeit beschäftigt. In einer Studie mussten 101 studentische Versuchspersonen über einen Zeitraum von zwei Wochen Fragebögen zu den täglichen Geschehnissen, Stimmungen und der Dankbarkeit ausfüllen. Eine Woche vorher füllten sie einen Achtsamkeitsfragebogen aus. Die Ergebnisse zeigten, dass die Studierenden, die höhere Werte in dem Achtsamkeitsfragebogen hatten, also achtsamer waren, häufiger eine tägliche positive Stimmung hatten und auch dankbarer waren, wenn sie mehr positive als negative Ereignisse täglich erfahren hatten (Junca-Silva et al. 2023).
In einer anderen Arbeit mit insgesamt vier Studien und mit Angestellten konnte unter anderem gezeigt werden, dass ein momentanes Gefühl der Achtsamkeit durch eine kurze Achtsamkeitsintervention über die Variablen positive Stimmung und die Fähigkeit zur Perspektivenübernahme zu einem höheren Maß an Dankbarkeit und auch zu einer größeren Hilfsbereitschaft im Arbeitskontext führte (Sawyer et al., 2022).

**Literaturtipp** | Es gibt zahlreiche Dankbarkeitstagebücher, mit deren Hilfe Dankbarkeit praktiziert werden kann. Vielleicht mögen Sie einmal eins ausprobieren – selbst wenn wissenschaftlich nicht erwiesen ist, dass Dankbarkeitsjournale für jeden Menschen zielführend sind. Das kleine Buch der Dankbarkeit von Robert A. Emmons ist ein schönes Geschenkbuch.

## Ist die Forschung zur Achtsamkeit ein Teil der Forschung zur Positiven Psychologie?

Ja, die Forschung zur Achtsamkeit kann als ein Teil der Forschung zur Positiven Psychologie angesehen werden. Die Positive Psychologie als Wissenschaft beschäftigt sich mit der Frage, wie der Einzelne und die Einzelne, aber auch Organisationen und Gesellschaften sich positiv entwickeln können.

Welche Faktoren sind für das Aufblühen des Individuums oder von Organisationen relevant?

Geprägt wurde der Begriff durch den Psychologen Martin Seligman. Er nennt fünf Faktoren, die für das subjektive Wohlbefinden wichtig sind, und er fasst dies in dem *PERMA*-Schema zusammen:

1. **P**ositive Emotions (Positive Emotionen)
2. **E**ngagement
3. **R**elationships (Soziale Beziehungen)
4. **M**eaning (Sinn-Erleben)
5. **A**ccomplishment (Leistung)

Die Themengebiete der Positiven Psychologie sind sehr mannigfaltig, und reichen von der Bedeutung von Charakterstärken, Flow-Erlebnissen, Motivationsprozessen bis hin zu Achtsamkeitsinterventionen zur Steigerung des positiven Erlebens.

Die Erkenntnisse aus der Positiven Psychologie müssen auf jeden Fall – wie in jedem anderen Wissenschaftsbereich – auf ihre methodische Qualität überprüft werden und insbesondere muss darauf geachtet werden, dass die Erkenntnisse nicht zu vereinfacht in die Öffentlichkeit durch den nicht geschützten Begriff des Coachings getragen werden.

Auch die wissenschaftlich fundierte Positive Psychologie verspricht keinen alleinigen Glücksweg, sondern ist in ihrem Forschungsschwerpunkt mehr an dem interessiert, was gut ist oder was das Leben lebenswert macht, aber ohne die möglichen Schattenseiten aus dem Auge zu verlieren. So wird auch in dem wissenschaftlichen Diskurs deutlich, dass Glück und Wohlbefinden subjektiv sind und manche Interventionen, wie z. B. Achtsamkeit für den einen zielführend, für die andere aber überhaupt nicht gewinnbringend sind. Wissenschaftler und Wissenschaftlerinnen, die Themen aus der Positiven Psychologie bearbeiten, sind sich einig, dass ein alleiniges Glücksrezept nicht existiert.

**Literaturtipp** | Das folgende Buch gibt einen vertieften Einblick in die Positive Psychologe: Tomhoff, M. (2017). *Positive Psychologie.* Heidelberg: Springer.

# Achtsamkeit als Allheilmittel

Auch wenn es in diesem Buch schon öfters anklang, dass in manchen Bereichen die wissenschaftliche Evidenz der Wirkung der Achtsamkeitspraxis noch nicht so prägnant ist, wie es oft dargestellt wird, wurde bislang auf die Schattenseiten in der Achtsamkeitspraxis noch nicht wirklich eingegangen. Was sind die Kritiken an der Achtsamkeitspraxis und für wen eignet sie sich vielleicht nicht? Dieses Kapitel geht diesen Fragen nach und schnell wird deutlich, dass Achtsamkeit großes Potenzial bietet, aber kein Allheilmittel ist.

## Welche Schwierigkeiten können bei der Achtsamkeitspraxis auftreten?

In der → Vipassana-Tradition sind fünf Hindernisse bekannt, die in der Achtsamkeitspraxis oder der Meditationspraxis hinderlich sind. Oftmals sind sie das Resultat unserer Gewohnheiten. Zu den fünf Hindernissen gehören

- das Verlangen nach Sinneskontakt (oder auch Begehren),
- die Abneigung und Trägheit (oder auch Widerstand),
- die Unruhe (oder auch Ruhelosigkeit) und Sorge,
- die Mattheit und Erstarrung (oder auch Schläfrigkeit/Lethargie),
- der Zweifel.

Das Verlangen nach Sinneskontakt beschreibt das Gefühl, dass die Achtsamkeitspraxis oder die Meditation nicht genug sind. Das bedeutet, dass Sie sich in der Situation etwas anderes wünschen, vielleicht etwas zu essen oder zu trinken oder vielleicht wollen Sie auch ganz woanders sein. Sie entwickeln eine Sehnsucht nach etwas anderem und die Achtsamkeitspraxis lehrt Sie, diese Sehnsucht wahrzunehmen, ihr aber nicht nachzugeben.

Das zweite Hindernis ist die Abneigung oder die Trägheit. Vielleicht spüren Sie eine Wut während der Meditation. Die Achtsamkeitspraxis lehrt Sie, dieser Wut nicht nachzugeben.

Das dritte Hindernis ist die Unruhe und die Sorge. Vielleicht nehmen Sie wahr, dass Sie nicht wirklich stillsitzen können und Sie immer wieder aufstehen und sich bewegen möchten.

Das Gegenteil davon ist das vierte Hindernis, die Schläfrigkeit. Sie tritt auf, weil Sie vielleicht wirklich müde sind, aber auch manchmal, weil während der Meditation Dinge auftreten können, die unangenehm sind, die man nicht an sich heranlassen möchte.

Das fünfte Hindernis, der Zweifel, tritt ebenfalls häufig auf. Zweifel, genauso wie die anderen vier genannten Hindernisse, gehören im Leben oft dazu.

Wenn es uns gelingt, diese so anzunehmen, wie sie sind und wir vielleicht so etwas in der Art zu uns sagen können: „Ach das sind die Zweifel, die gerade wieder kommen“ gibt das wiederum eine gewisse Freiheit.

All diese Hindernisse, die während der Achtsamkeitspraxis auftreten können, sind völlig normal. Diese Hindernisse so anzunehmen, wie sie sind, ist das Erste, was man in der Achtsamkeitspraxis tun kann. Dann kann man auch genau hinschauen:

- Wo macht sich die Unruhe oder die Schläfrigkeit im Körper genau bemerkbar?
- Wie fühlt sich das an?

Und wenn das gelingt, kann man auch diesen Gefühlen Mitgefühl gegenüber bringen.

- Kann ich meiner eigenen Unruhe mit Mitgefühl begegnen?

Eine andere Möglichkeit ist auch, diesen Hindernissen das Gegenteil entgegenzubringen. Wenn Sie Zweifel während der Meditation spüren, wäre es möglich, dass Sie sich Vertrauen vorstellen.

**Linktipp** | Dieser Talk von Jack Kornfield über die fünf Hindernisse während der Meditation oder der Achtsamkeitspraxis ist sehr empfehlenswert: https://www.youtube.com/watch?v=sUcPGKhE0GQ

## Gibt es auch adverse Effekte bei der Achtsamkeitspraxis?

Lange Zeit hat sich die Forschung mit den positiven Aspekten der Achtsamkeit beschäftigt, aber dabei vernachlässigt, dass die Ergebnisse der Interventionen selten einer monotonen steigenden Funktion folgen, sondern sich oftmals U-förmig abbilden lassen.

Eine Anzahl achtsamkeitsbasierter Prozesse (z. B. achtsame Aufmerksamkeit, Beobachten, Interozeptionsfähigkeit) zeigen, dass sie nicht einem monotonen Kurvenverlauf (z. B. „Je mehr Interozeptionspraxis, desto größer das positive Outcome") folgen, sondern es auch ein „zu viel" der Achtsamkeitspraxis geben kann. So wurde in Bezug auf die Schlafqualität nachgewiesen, dass eine geringere Praxis besser als eine ausufernde Praxis ist.

Britton (2019) hat diesen Zusammenhang der positiven und negativen Effekte, die ein- und dieselbe Achtsamkeitspraxis in unterschiedlichen Personen haben kann, dargestellt. Für die Stärkung der → Emotionsregulation durch die Emotionsregulationspraxis beschreibt er, dass sie für diejenigen geeignet ist, die ein geringes Körper- und Emotionsbewusstsein haben, aber dass sie negative Effekte, wie Schmerzen oder Angst, für diejenigen mit sich bringen kann, die ein großes Körper- und Emotionsbewusstsein besitzen. Deswegen muss man sich zu jeder Zeit fragen, wie viel Achtsamkeitspraxis für eine Person in einer bestimmten Situation unter Einbeziehung der Ziele und der Werte der Person gut ist. Es muss also eine Art individualisierte Achtsamkeitspraxis mit der Messung eines Veränderungsindex einer jeden Person geben (Britton, 2019).

Dieselbe Praxis kann bei der einen Person zu positiven, bei der anderen Person zu adversen Effekten führen. Die Diskussion um die möglichen adversen Effekte der Achtsamkeitspraxis hält aber weiterhin an. Hirshberg et al. (2022) analysierten drei → randomisiert kontrollierte Studien und zeigten, dass ein → MBSR-Training keine größeren negativen Effekte hatte als kein Training. Diese Schlussfolgerung wird jedoch aufgrund von methodischen Limitationen nicht von allen Forschern und Forscherinnen geteilt (Van Dam & Galante, 2023).

Darüber hinaus ist ein systematisches Review entstanden (Taylor et al., 2022), welches die adversen Effekte nach Meditationen und nach Mind-Body Practice (z. B. Yoga, Tai-Chi oder Qi Gong) untersuchte. In diesem systematischen Review wurden 61 Studien mit einbezogen (41 mit Meditationsinterventionen). Fast alle Studien (n = 57) erwähnten irgendeine Form von psychischer Belastung, wie z. B. Angstzustände, während in weniger Studien (n = 21) von somatischen Belastungen wie Schlafstörungen berichtet wurde. Die meisten Interventionen wurden in Präsenz durchgeführt. Diese Überprüfung deutet darauf hin, dass die adversen Effekte in der Forschung mit Meditationen häufiger auftreten und dass psychische Belastungen häufiger sind als somatische. Da die Interventionen alle in Präsenz stattfanden, stellt sich die Frage, welche adversen Effekte bei der Online-Nutzung von Meditationen auftreten könnten. Hier muss man bedenken, dass z. B. bei der Nutzung von Apps keine Rückmeldung möglich ist.

**Literaturtipp** | In diesem wissenschaftlichen Artikel wird der mögliche mittlere Weg in der Achtsamkeitsforschung gut beschrieben. Britton,

W.B. (2019). Can mindfulness be too much of a good thing? The value of a middle way. *Current Opinion in Psychology, 28*, 159-165. https://doi.org/10.1016/j.copsyc.2018.12.011.

## Für wen ist die Achtsamkeitspraxis nicht geeignet?

Ausgehend von der Forschung zu den adversen Effekten der Achtsamkeitspraxis stellt sich die Frage, ob diese Praxis für spezifische Gruppen möglicherweise nicht geeignet ist. Eine Frage ist, ob Personen mit bestimmten Persönlichkeitseigenschaften sich mehr oder weniger für die Achtsamkeitspraxis eignen. So kann man zwischen eher handlungsorientierten versus zustandsorientierten Persönlichkeiten unterscheiden.
Bei Menschen, die eher zustandsorientiert sind, hat sich gezeigt, dass eine kurze Achtsamkeitsintervention eher dazu führt, dass sie sich von ihren intrinsischen emotionalen Präferenzen distanzieren (Kaufmann et al., 2021). In einer anderen Studie wurden adverse Effekte bei 953 Meditierenden untersucht, wobei eine größere Anzahl als vorher angenommen (32,3 % bei einem allgemeinen Item zu den adversen Effekten) eine Beeinträchtigung zeigte. Dabei wurde nachgewiesen, dass die Personen, die in der Kindheit negative Erfahrung in Form von körperlicher, emotionaler oder sexueller Gewalt oder auch aufgrund einer familiären Dysfunktionalität gemacht hatten, am meisten unter den adversen Effekten litten (Goldberg et al., 2022).
Immer mehr Forscher und Forscherinnen plädieren deshalb dafür, dass die individuellen möglichen Effekte der Achtsamkeitspraxis viel genauer untersucht werden müssen. Die Achtsamkeitspraxis muss für Menschen, die ein → Trauma erlebt haben, vorsichtig angewandt werden bzw. die Trauma-sensitive Achtsamkeit muss genutzt werden.

**Literaturtipp** | Dieser Artikel gibt einen guten Überblick über einen möglichen Rahmen, wie die Wirkung der Achtsamkeitspraxis seriös untersucht werden kann: Galante, J., Grabovac, A., Wright, M., Ingram, D.

M., Van Dam, N. T., Sanguinetti, J. L., Sparby, T., van Lutterveld, R., & Sacchet, M. D. (2023). A framework for the empirical investigation of mindfulness meditative development. *Mindfulness, 14,* 1054–1067. https://doi.org/10.1007/s12671-023-02113-8

## Was ist traumasensitive Achtsamkeit?

Für Personen, die ein → Trauma in der Kindheit oder z. B. durch einen Krieg erlebt haben, mag die Teilnahme an einem Achtsamkeitskurs schwierig sein, weil sie durch die Fokussierung auf sich selbst möglicherweise in das eigene Trauma zurückgeworfen werden. Dabei kann es sein, dass gerade die Fokussierung auf den Atem zur Reaktivierung der Trauma-Erinnerung führt. So brauchen Menschen, die ein Trauma erlebt haben, vielleicht einen anderen Anker, z. B. die Wahrnehmung ihrer Hände oder den Kontakt zum Boden.

Alle Menschen, aber gerade Menschen, die ein Trauma erlebt haben, sollen die Wahl haben, den für sie selbst richtigen Anker zu finden. Dies unterstützt die Selbstwirksamkeit, da traumatisierte Menschen bei dem eingetretenen Ereignis diese Wahl nicht hatten. Zu den fünf Kernelementen der traumasensitiven Achtsamkeit gehören, die Fähigkeiten zu erlangen,

1. im eigenen Toleranzfenster zu bleiben,
2. die Aufmerksamkeit auf etwas zu lenken, was stabilisierend ist,
3. mit dem Körper in Kontakt zu treten,
4. üben, in Beziehung zu treten,
5. den sozialen Kontext verstehen zu lernen.

In einer Arbeit wurde die Erfahrung von Patienten und Patientinnen in einer traumasensitiven Achtsamkeits- und Mitgefühls-Intervention untersucht (Wästlund et al., 2023). Die Teilnehmer und Teilnehmerinnen fühlten sich nach der Praxis kraftvoller und spürten eine tiefere Beziehung zu sich selbst und ihrem Körper und darüber hinaus empfanden sie eine neue Freiheit in ihren Beziehungen.

Diese positiven Effekte konnten dadurch erreicht werden, dass die neuen Perspektiven Hoffnung und Verständnis aufzeigten, dass es Hilfestellungen zum konkreten Handeln gab und dass die zahlreichen Momente des

Bewusstseins neue Möglichkeiten aufzeigten, die momentanen Lebenszustände zu verändern.

So sagte eine Teilnehmerin zum Beispiel, dass sie nun verschiedene Techniken gelernt hat, um sich zu beruhigen und diese Beruhigung nun schneller erreicht werden kann. Von Panikattacken sei sie immer noch betroffen, aber jetzt könne sie durch die Anwendung verschiedener Techniken dies akzeptieren und damit umgehen.

**Linktipp** | David A. Trelavan hat sich lange mit der traumasensitiven Achtsamkeit beschäftigt. Hier gibt er einen Einblick in eine kurze traumasensitive Meditation. https://www.youtube.com/watch?v=SXliFpb_UGk

## Gibt es kritische Stimmen zum Achtsamkeitshype?

Ja, die gibt es! Diese Kritik lässt sich wie folgt zusammenfassen (Langer Primdahl, 2022): Achtsamkeit als

- ein neoliberales Instrument (→ Was ist McMindfulness?),
- eine abgewandelte Religion oder Spiritualität,
- methodisch zweifelhaft,
- klinisch zu vernachlässigen,
- eine temporäre Anpassungsstrategie.

Um nur zwei dieser Punkte hier etwas ausführlicher zu behandeln, sagen Kritiker und Kritikerinnen bezogen auf die Abwandlung des Buddhismus, dass Achtsamkeit im Buddhismus niemals für einen Zweck, wie z. B. Schmerzreduktion genutzt wurde. Darüber hinaus verhalten sich Achtsamkeitsvertreter und -vertreterinnen oftmals gespalten: Zum einen erwähnen sie die lange Tradition der Achtsamkeit im Buddhismus, zum anderen distanzieren sie sich wieder von ihm. Der Punkt der methodisch zweifelhaften Forschung wurde in dem Paper von Van Dam et al. (2018) mit dem Titel „*Mind the hype...*“ thematisiert (→ Welche Schwierigkeiten treten bei der Forschung zur Achtsamkeit auf?). Ein Problem betrifft die konzeptuelle Unschärfe des Begriffes der Achtsamkeit.

Es gibt keine von allen Wissenschaftlern und Wissenschaftlerinnen akzeptierte Definition der Achtsamkeit. Angelehnt an diese Kritik unterscheiden sich auch die unterschiedlichen Achtsamkeitsinterventionen. Auch wenn die MBSR-Intervention einen Standard präsentiert, wird sie doch in vielen Studien abgewandelt, was z. B. die Länge einer Intervention betrifft. Deswegen ist es unabdingbar, dass in den Studien genaue Informationen über die Lehrenden, die Teilnehmenden, die Art der Intervention und die möglichen Interessenkonflikte gegeben werden und auch die Medien die Studien möglichst differenziert beschreiben.

**Literaturtipp** | Wenn Sie sich für den wissenschaftlichen Diskurs der Achtsamkeitsforschung interessieren, mag die folgende Veröffentlichung interessant für Sie sein. Es handelt sich um eine Antwort auf das von Van Dam et al. (2018) publizierte Paper: Davidson, R. J., & Dahl, C. J. (2018). Outstanding challenges in scientific research on mindfulness and meditation. *Perspectives on Psychological Science, 13*(1), 62-65. https://doi.org/10.1177/1745691617718358

## Was ist McMindfulness?

Der Begriff *McMindfulness* geht auf Miles Neal, einen buddhistischen Lehrer und Psychotherapeuten, zurück und wurde in jüngster durch Ron Purser, Professor für Management und selbst Zen-Buddhist, bekannt. *McMindfulness* bezeichnet im weitesten Sinne den schnellen Konsum von Achtsamkeit, um ein Ziel zu erreichen. Ron Purser spricht der Achtsamkeitspraxis für manche Menschen nicht ihre Wirkung ab, er sagt nur, dass diese Praxis den Blick auf das eigene Innere wirft und dabei vergisst, auch an den äußeren Missständen zu arbeiten. Er verweist auf zahlreiche Studien, die dem Achtsamkeitshype nicht gerecht werden, oder nur Effekte zeigen, wenn die Interventionen mit einer inaktiven Kontrollgruppe verglichen wurden. Er verweist zudem darauf, dass die Befunde der Veränderung der Gehirnaktivität nach Achtsamkeitstrainings auch nach anderen Interventionen in der ein oder anderen Art auftreten und erwähnt darüber hinaus die Probleme, die mit der Messung der → dispositionalen Achtsamkeit einhergehen. Hier existieren verschiedenartige Fragebögen, die alle mehr oder weniger gleiche bzw. unterschiedliche Aspekte messen. Man kann dies auch als Kapitalismus- und Neoliberalismus-Kritik bezeichnen, wenn es kritisch gesehen wird, dass Achtsamkeit für viele Firmen ein Werkzeug ist, um neben dem Wohlbefinden der Mitarbeiter und Mitarbeiterinnen auch den Wert des Einzelnen und der Einzelnen für das Unternehmen zu fördern und letztendlich den Profit zu erhöhen. Ausführlich geht er auch auf die Fallstricke des Einsatzes von Achtsamkeit in der Schule, im Militär und in der Politik ein. Es ist ihm ein Anliegen zu sagen, dass, wenn man wirklich etwas verändern möchte, auch die äußeren Veränderungen der Systeme im Mittelpunkt stellen sollten, denn nur sich selbst zu transformieren reicht nicht, wenn man eine nachhaltige Änderung erzielen möchte.

Man muss nicht mit den Gedanken von Ron Purser übereinstimmen, und vielleicht verneinen Achtsamkeitslehrer und -lehrerinnen auch nicht, dass es auch eine Veränderung der Systeme geben muss – für eine kritische Auseinandersetzung mit dem Thema mag sich der ein oder die andere für das Buch von Ron Purser interessieren.

**Literaturtipp** | Purser, R. E. (2019). *McMindfulness: How Mindfulness became the Neo Capitalist Spirituality.* London: Repeater.

## Gibt es kritische Stimmen zur Achtsamkeitspraxis in bestimmten Bereichen, wie z. B. in der Schule?

Sollte Achtsamkeit verstetigt im Bildungssystem eingesetzt werden, so wie es von einigen Forschenden gefordert wird? Die Forschenden und Lehrenden, die dies bejahen, argumentieren, dass die Achtsamkeitspraxis hilft, sich auf eine zunehmend komplexere, heterogene und wettbewerbsorientierte Welt vorzubereiten. Achtsamkeit würde dem Gehetzt-sein-Gefühl ein Dasein-Gefühl entgegensetzen (Bogner, 2022). Für die schulische Bildung fehlt aber oftmals noch die Erkenntnis, dass Körper und Emotionen zur menschlichen Entwicklung dazugehören und somit auch in Bildungsprozessen, z. B. durch Achtsamkeitspraktiken, einfließen müssen (Bogner, 2022). Aber es wird auch Kritik an der (wissenschaftlichen) Untersuchung der Achtsamkeit in der Schule gesehen (Roeser et al., 2023). So fehlen in zahlreichen Studien → Poweranalysen, eine Randomisierung war nur selten gegeben und eine aktive Kontrollgruppe oft nicht vorhanden. Darüber hinaus waren sowohl die Outcomes als auch die Interventionen in den einzelnen

Studien unterschiedlich definiert. Oftmals wurden auch Variablen, die mit dem Lehrer oder der Lehrerin und dem Schul- und Klassenklima zusammenhängen, überhaupt nicht registriert. Diese sind aber wichtig, wenn die etablierten Programme evaluiert werden sollen.

Die Theorien, die der Untersuchung der Effektivität von Achtsamkeit in der Schule zugrunde liegen, sind zumeist dualistisch und reduktionistisch, benötigt wird aber ein holistischer und organischerer Ansatz, der die ganze Person eingebettet in das soziale Umfeld sieht. In einer sehr groß angelegten Studie in England mit über 8.000 jugendlichen Schülern und Schülerinnen im Alter zwischen 11 und 13 Jahren wurde die Effektivität eines schulbasierten Achtsamkeitstrainings (SBMT) in Schulen, die standardmäßig sozial-emotionales Lernen anboten, im Vergleich zu einer Kontrollgruppe, die den üblichen Unterricht erhielt (TAU), untersucht (Montero-Marin, 2022). Die Studie kostete mehr als 6.4 Millionen Pfund.

Die Ergebnisse zeigten, dass SBMT im Vergleich zu TAU zu schlechteren Ergebnissen in Bezug auf das Depressionsrisiko und das Wohlbefinden bei Schülern und Schülerinnen mit einem Risiko für psychische Probleme sowohl nach der Intervention als auch nach einem Jahr Follow-Up führte. Keiner der Faktoren, die im Zusammenhang zur Implementation der Achtsamkeitsintervention standen (z. B. die Häufigkeit, wie oft die Schüler und Schülerinnen teilnahmen), zeigte einen Zusammenhang zu den Ergebnissen bei der 1-Jahres-Nachbeobachtung. Die schulbasierte Achtsamkeitsintervention, wie sie in dieser Studie durchgeführt wurde, ist demnach nicht als universelle Intervention geeignet. Darüber hinaus könnte sie für Schüler und Schülerinnen mit bestehenden/aufkommenden psychischen Symptomen kontraindiziert sein.

Zusammenfassend lässt sich die Kritik der Forscher und Forscherinnen in zwei Fragen zusammenfassen:

1. Sind schulbasierte Achtsamkeitsprogramme tatsächlich wirksam und nicht gar kontraproduktiv? Sollte man die bestehenden Ergebnisse nicht erst einmal kritisch diskutieren (Farias, 2022)?
2. Wenn man sich dennoch für die Etablierung von Achtsamkeitsprogrammen in der Schule entscheidet, stellt sich die Frage, wie sie etabliert werden können. Dies kann als ein holistischer, relationaler und transformativer Ansatz gesehen werden, in dem die Transfor-

mation des ganzen Schulsystems und mit ihm die Transformation der Lehrer und Lehrerinnen eine bedeutende Rolle spielen (Weare, 2023).

**Link- und Literaturtipp** | Wenn Sie sich für die Bedeutung der Transformation der Schulen interessieren, mögen Sie vielleicht einmal hier nachschauen und sich selbst eine Meinung bilden: https://www.empathie-macht-schule.de/projekt-2/vision/ oder auch gerne in dieses Buch hineinlesen: Jansen, P. & Kunze, P. (2019). *Bildung braucht Liebe.* Freiburg: Arbor.

## Welche Schwierigkeiten tauchen bei der Forschung zur Achtsamkeit auf?

Van Dam und Kollegen und Kolleginnen (2018) haben schon auf zahlreiche Probleme bei der Achtsamkeitsforschung hingewiesen. Diese Probleme treten nicht nur speziell bei der Achtsamkeitsforschung auf, sondern auch in anderen psychologischen Forschungsgebieten. Und da die Achtsamkeitsforschung innerhalb der wissenschaftlichen Forschung eher ein junges Gebiet ist, sind mögliche methodische Probleme noch sehr präsent.

Van Dam et al. (2018) nennen hier insbesondere die fehlende Konstruktvalidität. Die Konstruktvalidität ist dann gegeben, wenn durch das Messverfahren Daten erzeugt werden, die von der Theorie vorhergesagt werden. Darüber hinaus scheint oftmals eine fälschliche, zu positive Wahrnehmung der klinischen Wirksamkeit von achtsamkeitsbasierten Interventionen in der Öffentlichkeit, aber auch von Gesellschaften vorzuliegen.

Auch in diesem Buch werden → Metaanalysen erwähnt, die einen positiven Effekt von achtsamkeitsbasierten Verfahren bei bestimmten Erkrankungen nachweisen. Man muss jedoch genau hinschauen: Diese zusammenfassenden Arbeiten beziehen sich oftmals auf die mögliche Reduktion der psychischen Begleitsymptome der Erkrankung, und häufig werden auch nicht die zusammenfassenden Ergebnisse von Interventionsstudien, sondern von korrelativen Studien berichtet.

Darüber hinaus hat man sich erst in den letzten Jahren wissenschaftlich vermehrt mit den adversen Effekten beschäftigt. Ein großer Fokus in der Achtsamkeitsforschung liegt auch auf der Darstellung der Veränderung von

Gehirnregionen. So können die neurowissenschaftlichen Daten durch viele Faktoren, wie z. B. durch Kopfbewegungen beeinflusst werden. Zudem ist es auch sehr schwierig, die → Effektstärken in neurowissenschaftlichen Untersuchungen zu bestimmen, was wieder im Zusammenhang damit steht, gesicherte Aussagen über die praktische Relevanz treffen zu können. Ainsworth und Kollegen und Kolleginnen (2023) beschreiben vier Spannungen und Herausforderungen, mit denen Wissenschaftler und Wissenschaftlerinnen, aber auch Anwender und Anwenderinnen konfrontiert sind:

1. Achtsamkeit für mich vs. Achtsamkeit für andere (ein Bewusstsein für den Verlust der spirituellen und kollektiven Elemente, die historisch gesehen wesentlich für Achtsamkeit sind)
2. Achtsamkeit für einige vs. Achtsamkeit für alle (Verständnis dafür, warum Achtsamkeit für einige attraktiver sein mag als für andere)
3. Das Ganze vs. die Summe seiner Teile (die Notwendigkeit, die Mechanismen der Achtsamkeit zu verstehen und dennoch ihre Integrität zu bewahren)
4. Zugang verbessern vs. Treue bewahren (ein Gleichgewicht zwischen Modifikationen, um Themen wie Zugänglichkeit zu behandeln, und der Beibehaltung der Kernkomponenten)

Wenn man achtsamkeitsbasierte Interventionen z. B. im Gesundheitssektor einsetzen und evaluieren möchte, ist es wichtig, dass man sich über die theoretische Grundlage der Achtsamkeit im Klaren ist, so dass man evaluieren kann, für wann und für wen bestimmte Achtsamkeitspraktiken wirken. Praktisch könnte dies bedeuten, dass nicht an etablierten Achtsamkeitsprogramme festgehalten werden muss, wenn es Hinweise darauf gibt, dass sie in einem bestimmten Bereich suboptimal sind (Sedlmeier, 2023).

**Literaturtipps** | Wenn Sie sich gerne mit den kritischen Aspekten in der Achtsamkeitsforschung auseinandersetzen wollen, dann empfehle ich Ihnen sehr gerne die Artikel von Van Dam et al. (2018) und die damit einhergehenden Diskussionen, das Kapitel „*Special obstacle in meditation research*" aus dem Buch von Peter Sedlmeier (2022) oder auch den oben erwähnten Artikel von Ainsworth et al. (2023) zu lesen.

## Das Wichtigste zum Schluss

Gerne habe ich dieses Buch über Achtsamkeit geschrieben, es hat mich selbst noch einmal auf die verschiedenen Aspekte der Achtsamkeit und eben auch ihrer Bedeutung für so viele Dinge im Leben aufmerksam gemacht. Ich bin dankbar, dass der UVK Verlag an mich herangetreten ist, dieses Buch zu schreiben.

Dabei ist mir aber auch noch einmal bewusst geworden, wie für mich die beiden Aspekte aus den Brahmaviharas, die liebevolle Güte und der Gleichmut, vielleicht auch gut mit innerem Frieden zu übersetzen, doch zentral sind. Für viele Praktizierenden sind in der Achtsamkeitspraxis das Erleben der Präsenz im jetzigen Moment und die Akzeptanz der Dinge, so wie sie sind, am wichtigsten, für mich sind es die herzzentrierten Aspekte. Ich glaube, dass das Erleben der liebevollen Verbundenheit zu sich selbst, zu anderen Menschen und zur Natur die Bausteine für eine friedvolle Welt sind. Wie man diese liebevolle Verbundenheit spürt und erreicht, ist sehr verschiedenartig. Meiner Meinung nach geht es oft darum, die eigene Verbundenheit wahrzunehmen, zu schätzen und von ihr heraus das Leben zu gestalten. Dabei ist es nicht das Ziel der Achtsamkeitspraxis, das eigene Ego aufzupolieren oder sich in einem narzisstischen Sinn mit sich selbst zu beschäftigen, sondern es geht um die Wahrnehmung dessen, was ist, und das in einer liebevollen Haltung.

Ich wünsche Ihnen alles Gute auf dem Weg zu Ihrer liebevollen Güte und zu Ihrem inneren Frieden, wie auch immer Sie dorthin gelangen – ob im Schwimmbad, in den Bergen, im Orchester, beim Lösen einer exponentiellen Gleichung oder beim gemeinsamen Meditieren während eines → Retreats.

## Glossar - Wichtige Begriffe kurz erklärt

Im Text waren zentrale Fachbegriffe mit einem → gekennzeichnet. Hier werden sie genau erklärt.

### Absolute Wahrheit

Die absolute Wahrheit, die bei Jack Kornfield auch universelle Dimension genannt wird, bezieht sich auf eine Wirklichkeit, die im Alltag oft verborgen ist. Die relative Wahrheit im Gegenzug dazu wird auch als persönliche Dimension bezeichnet und bezieht sich auf die Wahrnehmung der alltäglichen Welt.

### Anteriorer cingulärer Kortex

Der anteriore cinguläre Kortex ist ein Bereich auf der Großhirnrinde im medialen Frontalhirn. Es wird angenommen, dass er bei der kognitiven Kontrolle eine Rolle spielt.

### Brahmaviharas

Die Brahmaviharas bezeichnen die vier zu kultivierenden Geisteshaltungen, die Liebe, das Mitgefühl, die Mitfreude und den Gleichmut. Kultivierung bedeutet, dass sie nicht nur kurzfristig erlebt werden, sondern ein integraler Bestandteil des eigenen Lebens werden.

### Default Netzwerk

Das Default Netzwerk beschreibt eine Gruppe von Gehirnregionen (wie z. B. den medialen präfrontalen Kortex, einen Teil des Gyrus cinguli, den Hippocampus etc.), die aktiv sind, wenn der Mensch ruht und keine äußeren Reize auf ihn einwirken. Das Netzwerk wird mit der Introspektion und mit dem Selbstbezug assoziiert.

### Dispositionale Achtsamkeit

Dispositionale Achtsamkeit bezeichnet die Achtsamkeit als Eigenschaft. Je nach Messverfahren bzw. nach Fragebogen, mit welchem sie erhoben wird, besteht sie aus unterschiedlichen Facetten. Im deutschsprachigen Bereich hat sich seit ein paar Jahren der CHIME, Comprehensive Inventory of Mindfulness Experience, etabliert. Dieser Fragebogen misst die folgenden Eigenschaftsaspekte der Achtsamkeit: Gewahrsein gegenüber inneren Erfahrungen, Gewahrsein gegenüber äußeren Erfahrungen, bewusstes Handeln, Offenheit, Akzeptanz (als annehmende, nichturteilende und mitfühlende Haltung), nichtreaktive bzw. dezentrierte Orientierung, Relativierung der Gedanken und einsichtsvolles Verstehen. Andere Fragebögen unterscheiden sich vom CHIME in der Anzahl und Benennung der Facetten.

### Effektstärke

Bei wissenschaftlichen Arbeiten wird die statistische Signifikanz eines Tests angegeben. Um jedoch auch etwas über die praktische Relevanz dieser Signifikanz auszusagen, wird ebenso die Effektstärke angeben. Zur Darstellung der Effektstärke gibt es unterschiedliche Maße, die wiederum auch von dem statistischen Verfahren abhängen. Für jedes Maß der Effektstärke gibt es eine Konvention, in welchem Bereich der Effekt als klein, mittel oder groß angesehen werden kann.

### Emotionsregulation

Die Emotionen zu regulieren bedeutet z. B., die Dauer, die Intensität, und den Ausdruck von Emotionen zu beeinflussen. Diese Beeinflussung kann durch die Anwendung bestimmter Strategien geschehen. Dabei unterscheidet man nach einem Modell von Gross (1998) grob Strategien, die eher früh in den Prozess der Emotionsentstehung eingreifen, die so genannten antezedenzfokussierten Regulationsstrategien, wie z. B. die Neubewertung einer Situation, und solche, die später relevant sind, wie z. B. die reaktionsfokussierten Regulationsstrategien, wie z. B. die Unterdrückung.

### Inhibitionsfähigkeit

Die Inhibitionsfähigkeit wird gemeinhin als eine der drei Facetten der Exekutiven Funktionen aufgefasst, neben dem Arbeitsgedächtnis und der kognitiven Flexibilität. Sie bezeichnet die Fähigkeit auf Relevantes zu reagieren und Irrelevantes zu ignorieren. (Automatische) Reaktionen auf Irrelevantes werden unterdrückt. Es ist eine grundlegende kognitive Fähigkeit, die auch für alle höheren kognitiven Fähigkeiten, wie z. B. das Problemlösen, wichtig ist.

### Insula

Die Insula ist ein Teil der Großhirnrinde und befindet sich zwischen dem hinteren sensorischen und dem vorderen motorischen Kortex.

### MBSR-Kurs

MBSR ist die Abkürzung für Mindfulness-Based Stress Reduction. Es wurde von Jon Kabat-Zinn dafür entwickelt mit negativem Stress umzugehen. Dieser Kurs ist ein achtwöchiger Kurs mit wöchentlichen 2,5 h Einheiten, einem Retreat-Tag und täglichen Übungen zu Hause. Die Einheiten bestehen aus Vorträgen zum jeweiligen Thema, Sitz- und Gehmeditationsübungen, dem Body-Scan und leichten Yogaübungen.

### Metaanalyse

Eine Metaanalyse ist eine Arbeit, die viele wissenschaftliche Studien zu einem Thema, wie z. B. den Einfluss eines Achtsamkeitstrainings auf die Stressreduzierung, statistisch zusammenfasst und somit eine allgemeingültigere Aussage zulässt. Oftmals unterscheiden sich die in eine Metaanalyse einfließenden Arbeiten jedoch, so dass es viele das Ergebnis moderierende Variablen gibt.

### Operationalisierung

Operationalisierung bedeutet, theoretische Konstrukte messbar zu machen.

### Placebo-Effekt

Der Placebo-Effekt bezeichnet die Verbesserung eines Symptoms, ohne ein wirksames Trainingsprogramm oder in der Medizin ein wirksames Medikament erhalten zu haben. Manchmal kann es über die Erwartungshaltung der Probanden erklärt werden.

### Poweranalyse

Die Poweranalyse wird im Deutschen als Fallzahlanalyse oder Fallzahlberechnung bezeichnet. Vor Beginn einer wissenschaftlichen Studie legt man eine bestimmte Effektgröße, eine bestimmte statistische Sicherheit, mit welcher man diese Effektgröße vorhersagen will, und eine bestimmte Power der Studie fest. Anhand dieser Kennwerte kann man dann mittels einer Poweranalyse die Anzahl der Versuchsteilnehmer und Versuchsteilnehmerinnen berechnen, die für die Durchführung der Studie notwendig sind.

### Präregistrierung

Die Präregistrierung bezeichnet die Veröffentlichung eines Forschungsplans einer Studie, bevor diese begonnen hat. In diesem Plan werden z. B. die Hypothesen, das Design der Studie, die Anzahl der Versuchspersonen, usw. dargestellt. Die Präregistrierung ist ein bedeutsames Element der Open Science Praxis, die bedeutet, dass alles, was die wissenschaftliche Arbeit betrifft (Daten, Forschungspläne, Berechnungscode etc.,) öffentlich gemacht wird. Open Science soll die Replizierbarkeit und Vertrauenswürdigkeit erhöhen und damit der so genannte Repliktationskrise entgegenwirken.

### Prävalenz

Prävalenz ist die Gesamtheit der Krankheitsfälle im betrachteten Teil der Bevölkerung zu einem Zeitpunkt oder während eines bestimmten Zeitraums.

### Probanden

Probanden werden die Teilnehmer und Teilnehmerinnen an einer wissenschaftlichen Studie genannt. Ihre Teilnahme ist immer freiwillig und sie können die Teilnahme zu jeder Zeit abbrechen. Darüber hinaus müssen die Datenschutzrechtlinien eingehalten werden. In den meisten Fällen wird die Studie vor ihrem Beginn von einer Ethikkommission begutachtet.

### Randomisiert-kontrollierte Studie

Unter einer randomisiert-kontrollierten Studie versteht man eine Studie, die kontrolliert ist, weil es sowohl eine Experimental- als auch eine Kontrollgruppe gibt. Die Teilnehmer und Teilnehmerinnen der Experimentalgruppe erhalten die zu untersuchende Intervention, die Probanden der Kontrollgruppe erhalten entweder keine Intervention oder eine andere Intervention. Randomisiert bedeutet, dass die Probanden zufällig auf eine der beiden Gruppen verteilt werden. Die Zufälligkeit hat zum Ziel, dass die Teilnehmer und Teilnehmerinnen der beiden Gruppen in vielen Parametern äquivalent sind.

### Retreat

Ein Retreat bezeichnet einen Rückzug aus dem Alltag. In der Achtsamkeitspraxis geht der Begriff mit einer spirituellen Ruhepause einher. Je nach Achtsamkeitstradition kann das Retreat unterschiedlich lang sein, und z. B. im absoluten Schweigen stattfinden.

### Trauma

Der Begriff Trauma an sich bezeichnet eine Verletzung, die im körperlichen oder auch im psychischen Bereich sein kann. In der Achtsamkeitsforschung berücksichtigt man oft das psychische Trauma. In der psychologischen Forschung versteht man darunter ein Ereignis, welches sehr erschütternd ist, und mit einer außergewöhnlichen Belastung, wie z. B. einer Kriegserfahrung oder mit einem Missbrauch einhergehen kann.

### Vipassana

Vipassana ist eine Achtsamkeitspraxis, die aus der Theraveda-Tradition entstammt. Vipassana wird vermehrt in Thailand, Burma und Sri Lanke praktiziert, und kann mit „klarer Sicht“ oder Einsicht übersetzt werden. Bei der Vipassana-Praxis geht es also darum, das Wahrhaftige zu erkennen und sich von Illusionen und Verblendungen zu befreien. Zu den drei einflussreichsten Lehrern und Lehrerinnen gehören Sharon Salzberg, Joseph Goldstein und Jack Kornfield, die die Insight Meditation Society in Massachusetts und das Spirit Rock Mediation Center in Kalifornien gegründet haben. Dabei lehren sie dann nicht immer unbedingt Vipassana in der reinen Version, sondern bringen zum Teil andere Konzepte mit in ihre Lehre ein, so wie z. B. bei Jack Kornfield Konzepte aus der Psychologie.

### Wartelistekontrollgruppe

Eine Wartelistekontrollgruppe besteht aus Teilnehmern und Teilnehmerinnen, die in einer experimentellen Studie keine Intervention erhalten und sich in einer Art Warteposition befinden. Sie erhalten nach Beendigung der Studie die Intervention.

## Verwendete Literatur

Agnoli, S., Vanucci, M., Pelagatti, C., & Corazza G. E. (2018). Exploring the link between mind wandering, mindfulness, and creativity: A multidimensional approach: Creativity Research Journal, 30(1), 41-53. https://doi.org/10.1080/10400419.2018.1411423

Ainsworth, B., Atkinson, M. J., AlBedah, E., Duncan, S., Groot, J., Jacobsen, P., James, A., Jenkin, T. A., Kylisova, K., Marks, E., Osborne, E. L., Remskar, M., & Underhill, R. (2023). Current tensions and challenges in mindfulness research and practice. Journal of Contemporary Psychotherapy, 53, 343–348. https://doi.org/10.1007/s10879-023-09584-9

Altgassen, E., Geiger, M., & Wilhelm, O. (2024). Do you mind a closer look? European Journal of Personality, 38(2), 365-387. https://doi.org/10.1177/08902070231174575

Arnold, M., Goldschmitt, M. & Rigotti, T. (2023). Dealing with information overload: a comprehensive review. Frontiers in Psychology, 14, 1122200. https://doi.org/10.3389/fpsyg.2023.1122200

Bergomi, C., Tschacher, W., & Kupper, Z. (2014). Konstruktion und erste Validierung eines Fragebogens zur umfassenden Erfassung von Achtsamkeit. Diagnostica, 60(3), 111-125. https://doi.org/10.1026/0012-1924/a000109

Berry, D. R., Wall, C. S. J., Tubbs, J. D., Zeidan, F., & Brown, K. W. (2023). Short-term training in mindfulness predicts helping behavior toward racial ingroup and outgroup members. Social Psychological and Personality Science, 14(1), 60-71. https://doi.org/10.1177/19485506211053095

Best, R. D., Ozmeral, A., Grinberg, A. S., Smitherman, T. A., & Seng, E. K. (2024). Pain acceptance as a change mechanism for mindfulness-based cognitive therapy for migraine. Journal of Behavioral Medicine, 47, 471-482, https://doi.org/10.1007/s10865-024-00475-5

Birtwell, K., Williams, K., van Marwijk, H., Armitage, C. J. & Sheffield, D. (2019). An exploration of formal and informal mindfulness practice and associations with wellbeing. Mindfulness, 10, 89–99. https://doi.org/10.1007/s12671-018-0951-y

Bishop, S. R., Lau, M., Shapiro, S., Carlson, L., Anderson, N. D., Carmody, J., & Devins, G. (2004). Mindfulness: A proposed operational definition. Clinical Psychology: Science and Practice, 11(3), 230-241. https://doi.org//10.1093/clipsy.bph077

Bockmann, J. O., & Yu, S. Y. (2023). Using mindfulness-based interventions to support self-regulation in young children: A review of the literature. Early Childhood Education Journal, 51(4), 693-703. https://10.1007/s10643-022-01333-2

Böckler, A., Tusche, A., Schmidt, P., & Singer, T. (2018). Distinct mental trainings differentially affect altruistically motivated, norm motivated, and self-reported prosocial behaviour. Scientific Reports, 8, 13560. https://doi.org/10.1038/s41598-018-31813-8

Bogner, D. (2022). Achtsamkeit im schulischen Bildungsprozess – Desiderate und Wirklichkeiten. In D. Bogner, & M. Harant (Hrsg.), Bildung und Achtsamkeit. Theorie und Praxis des Kontemplativen im Bildungsprozess (Seiten 95-112). Wiesbaden: Springer.

Bossert, L., Arzberger, K., Dorok, F., Kern, J., Stickler, C. Wunderlich, M., & Tran, U. S. (2023). The effects of mindfulness-based interventions on telomere length and telomerase activity: A systematic review and meta-analysis. Mindfulness, 14, 495–509. https://doi.org/10.1007/s12671-023-02075-x

Brandstätter, V., Schüler, J., Puca, R. M., & Lozo, L. (2018). Emotionsregulation. In V. Brandstätter, J. Schüler, R. M. Puca, & L. Lozo (Hrsg.), Motivation und Emotion (Seiten 221-238). Berlin: Springer.

Bratman, G. N., Anderson, C. B., Berman, M. G., Cochran, B., de Vries, S., Flanders, J. et al. (2019). Nature and mental health: An ecosystem service perspective. Science Advances, 5, eaax0903. https://doi.org/10.1126/sciadv.aax0903

Brewer, B. W. (2010). The role of psychological factors in sport injury rehabilitation outcomes. International Review of Sport and Exercise Psychology, 3(1), 40-61. https://doi.org/10.1080/17509840903301207

Bristow, J. (2019). Mindfulness in politics and public policy. Current Opinion in Psychology, 28, 87-91. https://doi.org/10.1016/j.copsyc.2018.11.003

Britton, W. B. (2019). Can mindfulness be too much of a good thing? The value of a middle way. Current Opinion in Psychology, 28, 159-165. https://doi.org/10.1016/j.copsyc.2018.12.011.

Brown, K. W., & Ryan, R. M. (2003). The benefits of being present: Mindfulness and its role in psychological well-being. Journal of Personality and Social Psychology, 84(4), 822-848. https:// doi.org/10.1037/0022-3514.84.4.822

Bush, H. E., Rossy, L., Mintz, L. B., & Schopp, L. (2014). Eat for life: A work site feasibility study of a novel mindfulness-based intuitive eating intervention. American Journal of Health Promotion, 28(6), 380–388. https://doi.org/10.4278/ajhp.120404-QUAN-186

Chapman, S. G. (2012). The five keys to mindful communication: Using deep listening and mindful speech to strengthen relationships, heal conflicts, and accomplish your goals. Boston: Shambhala.

Chayadi, E., Baes, N., & Kiropoulos, L. (2022). The effects of mindfulness-based interventions on symptoms of depression, anxiety, and cancer related fatigue in oncology patients: A systematic review and meta-analysis. PLoS ONE, 17(7):e0269519. https://doi.org/10.1371/journal.pone.0269519

Choi, E., Gruman, J. A., & Leonard, C. M. (2022). A balanced view of mindfulness at work. Organizational Psychology Review, 12(1), 35-72. https://doi.org/10.1177/20413866211036930

Clari, M., Conti, A., Fontanella, R., Rossi, A., & Matarese, M. (2020). Mindfulness-based programs for people with chronic obstructive pulmonary disease: A mixed methods systematic review. Mindfulness 11,1848–1867. https://doi.org/10.1007/s12671-020-01348-z

Dahl, C. J., Lutz, A., & Davidson, R. J. (2015). Reconstructing and deconstructing the self: Cognitive mechanisms in meditation practice. Trends in Cognitive Science, 19, 515-523. https://doi.org/10.1016/j.tics.2015.07.001

Davidson, R. J., & Dahl, C. J. (2018). Outstanding challenges in scientific research on mindfulness and meditation. Perspectives on Psychological Science, 13(1), 62-65. https://doi.org/10.1177/1745691617718358

Davila, J., Hershenberg, R., Feinstein, B. A., Gorman, K., Bhatia, V., & Starr, L. R. (2012). Frequency and quality of social networking among young adults: Associations with depressive symptoms, rumination, and corumination. Psychology of Popular Media Culture, 1(2), 72–86. https://doi.org/10.1037/a0027512.

Dawson, A. F., Brown, W. W., Anderson, J., Datta, B., Donald, J. N., Hong, K., Allan, S., Mole, T. B., Jones, P. B., & Galante, J. (2020). Mindfulness-based interventions for university students: A systematic review and meta-analysis of randomised controlled trials. Applied Psychology: Health and Well-Being, 12, 384-410. https://doi.org/10.1111/aphw.12188

Desbordes, G., Gard, T., Hoge, E. A., Hölzel, B. K., Kerr, C., Lazar, S. W., Olendzki A., & Vago, D. R. (2015). Moving beyond mindfulness: Defining equanimity as an outcome measure in meditation and contemplative research. Mindfulness, 6, 356-372. https://doi.org/10.1007/s12671-013-0269-8

Donald, J. N., Sahdra, B. K., van Zanden, B., Duineveld, J. J., Atkins, P. W. B., Marshall, S. L., & Ciarrochi, J. (2019). Does your mindfulness benefit others? A systematic review of and meta-analysis of the link between mindfulness and prosocial behaviour. British Journal of Psychology, 110, 101-125. https://doi.org/10.1111/bjop.12338

Eisenberg, N., Spinrad, T. L., & Morris, A. (2014). Empathy-related responding in children. In M. Killen & J. G. Smetana (Eds.), Handbook of moral development (3rd ed., pp. 184-207). New York, NY: Psychology Press.

European Commission, Joint Research Centre, Vuorikari, R., Kluzer, S., & Punie, Y. (2022). DigComp 2.2, The Digital Competence framework for citizens – With new examples of knowledge, skills and attitudes, Publications Office of the European Union. https://data.europa.eu/doi/10.2760/115376

Farias, M. (2022). Debate: The inevitable decline of mindfulness. Child and Adolescent Mental Health, 27(4), 422-433. https://doi.org/10.1111/camh.12600

Fatfouta, R., & Heinze, P. E. (2023). Do bigger egos mean bigger presence? Facets of grandiose narcissism and mindfulness. Current Psychology, 42, 19795-10807. https://doi.org/10.1007/s12144-022-03115-w

Flynn, O., Fullen, B. M., & Blake, C. (2023). Migraine in university students: A systematic review and meta-analysis. European Journal of Pain, 27(1), 14-43. https://doi.org/10.1002/ejp.2047

Folk, D., & Dunn, E. (2023). A systematic review of the strength of evidence for the most commonly recommended happiness strategies in mainstream media. Nature Human Behavior, 7, 1697-1707. https://doi.org/10.1038/s41562-023-01651-4

Fröhlich-Gildhoff, K., & Rönnau-Böse, M. (2022). Resilienz. München: UTB.

Fuochi, G., Boin, J., Lucarini, A., & Voci, A. (2023). A mindful path toward prejudice reduction: Key mindfulness facets and mediators for promoting positive intergroup relations. Mindfulness, 14, 2894–2905. https://doi.org/10.1007/s12671-023-02242-0

Galante, J., Grabovac, A., Wright, M., Ingram, D. M., Van Dam, N. T., Sanguinetti, J. L., Sparby, T., van Lutterveld, R., & Sacchet, M. D. (2023). A framework for the empirical investigation of mindfulness meditative development. Mindfulness, 14, 1054–1067. https://doi.org/10.1007/s12671-023-02113-8

Geiger, S. M., Grossman, P., & Schrader. U. (2019), Mindfulness and sustainability: Correlation or causation? Current Opinion in Psychology, 28, 23-27. https://doi.org/10.1016/j.copsyc.2018.09.010

Germer, Ch., & Neff, K. (2021). Achtsames Selbstmitgefühl unterrichten. Freiburg: Arbor.

Goldberg, S. B., Lam, S. U., Britton, W. B., & Davidson, R. J. (2022). Prevalence of meditation-related adverse effects in a population-based sample in the United States. Psychotherapy Research, 32, 291-305. https://doi.org/10.1080/10503307.2021.1933646

Gross, J. J. (1998). The emerging field of emotion regulation: An integrative review. Review of General Psychology, 2(3), 271–299. https://doi.org/10.1037/1089-2680.2.3.271

Hanley, A. W., Warner, A. R., Dehili, V. M., Canto, A. I., & Garland, E. L. (2015). Washing dishes to wash the dishes: Brief instruction in an informal mindfulness practice. Mindfulness, 6, 1095–1103. https://doi.org/10.1007/s12671-014-0360-9

Hart, R., Ivtzan, I., & Hart, D. (2013). Mind the gap in mindfulness research: A comparative account of the leading schools of thought. Review of General Psychology, 17(4), 453-466. https://doi.org/10.1037/a0035212

Hakins, K., & Burke, A. (2023). Die Achtsamkeits-Toolbox. Freiburg: Arbor.

He, J., Wang, Z., Fu, Y., Wang, Y., Yi, S., Ji, F., & Nagata, J. M. (2024). Associations between screen use while eating and eating disorder symptomatology: Exploring the roles of mindfulness and intuitive eating. Appetite, 197,107320. https://doi.org/10.1016/j.appet.2024.107320

Henriksen, D., Richardson, C., & Shack, K. (2020). Mindfulness and creativity: Implications for thinking and learning. Thinking Skills and Creativity, 37, 100689. https://doi.org/10.1016/j.tsc.2020.100689

Hirshberg, M. J., Goldberg, S. B., Rosenkranz, M., & Davidson, R. J. (2022). Prevalence of harm in mindfulness-based stress reduction. Psychological Medicine, 52, 1080-1088. https://doi.org/10.1017/S0033291720002834

Hölzel, B. K., Carmody, J., Vangel, M., Congleton, Ch., Yerramsetti, S. M., Gard, T., & Lazar, S. W. (2011). Mindfulness practice leads to increases in regional brain gray matter density, Psychiatry Research: Neuroimaging, 191, 36-43. https://doi.org/10.1016/j.pscychresns.2010.08.006

Hughes, Z., Ball, L. J., Richardson, C., & Judge, J. (2023). A meta-analytical review of the impact of mindfulness on creativity: Framing current lines of research and defining moderator variables. Psychonomic Bulletin & Review, 30, 2155-2186. https://doi.org/10.3758/s13423-023-02327-w

Iani, L., Lauriola, M., Chiesa, A., & Cafaro, V. (2019). Associations between mindfulness and emotion regulation: The key role of describing and nonreactivity. Mindfulness, 10, 366-375. https://doi.org/10.1007/s12671-018-0981-5

Ives, C. D., Schäpke, N., Woiwode, C., & Wamsler, Ch. (2023). IMAGINE sustainability: integrated inner-outer transformation in research, education and practice. Sustainability Science, 18, 2777–2786. https://doi.org/10.1007/s11625-023-01368-3

Jackson, P. (2022). Die Essenz des Erfolges. München: FinanzBuch Verlag.

Jansen, P. (2022). Das Neue ABC des Studiums. Heidelberg: Springer.

Jansen, P. & Kunze, P. (2019). Bildung braucht Liebe. Freiburg: Arbor.

Jansen, P., & Quaiser-Pohl, C. (2024). Digitales Lernen im Klassenzimmer: Die Rolle von Achtsamkeit und Herzensgüte. In M. E. Heidenreich, C. Quaiser-Pohl, F. Sorajewski, & A. Werger (Hrsg.), Digitalisierung in der Schule. Ein Praxisbuch zu Möglichkeiten, Grenzen und Herausforderungen (Seiten 100-113). Weinheim: Beltz.

Jansen, P., & Richter, S. (2016). Macht Bewegung wirklich schlau? Bern: Hogrefe.

Jansen, P., & Richter, S. (2021). Einfühlsame Kommunikation. Wie wir uns und die anderen wahrnehmen. Bern: Hogrefe.

Jansen, P., Schulz, A., & Nottberg, C. (2016). Einfluss von achtsamkeitsbasierten Interventionen auf exekutive Funktionen im Kindesalter: Ein systematisches Review. Zeitschrift für Entwicklungspychologie und Pädagogische Psychologie, 48, 206-216. https://doi.org/10.1026/0049-8637/a000160

Jansen, P., Seidl, F., & Richter, S. (2018). Achtsamkeit im Sport. Heidelberg: Springer.

Jha, A. P., Denkova, E., Zanesco, A. P., Witkin, J. E., Rooks, J., & Rogers, S. L. (2019). Does mindfulness training help working memory 'work' better? Current Opinion in Psychology, 28, 273-278. https://doi.org/10.1016/j.copsyc.2019.02.012

Jekauc, D., & Kittler, Ch. (2015). Achtsamkeit im Leistungssport. Leistungssport, 6, 19-23.

Jekauc, D., Müllberger, L., & Weyland, S. (2022). Achtsamkeitstraining im Sport. Heidelberg: Springer.

Johnson, B. T., Acabchuk, R. L., George, E. A., Nardi, W., Shufang, S., Salmoirago-Blotcher, E., Scharf, J., & Loucks, E. B. (2023). Mental and physical health impacts of mindfulness training for college undergraduates: A systematic review and meta-analysis of randomized controlled trials. Mindfulness, 14, 2077–2096. https://doi.org/10.1007/s12671-023-02212-6

Junça-Silva, A., Mosteo, L., & Rueff Lopes, R. (2023). The role of mindfulness on the relationship between daily micro-events and daily gratitude: A within-person analysis. Personality and Individual Differences, 200, 111891. https://doi.org/10.1016/j.paid.2022.111891

Jones, A., Hook, M., Podduturi, P., McKeen, H., Beitzell, E., & Liss, M. (2022). Mindfulness as a mediator in the relationship between social media engagement and depression in young adults. Personality and Individual Differences, 185, 11284. https://doi.org/10.1016/j.paid.2021.111284

Kabat-Zinn, J. (2005). Coming to our senses. Healing ourselves and the world through mindfulness. New York: Hyperion.

Kabat-Zinn, J. (2019). Gesund durch Meditation: Das große Buch der Selbstheilung mit MBSR. München: Knaur Mens Sana.

Kahnemann, D. (2012). Schnelles Denken, langsames Denken. München: Siedler-Verlag.

Kaufmann, M., Rosing, K., & Baumann, N. (2021). Being mindful does not always benefit everyone: Mindfulness-based practices may promote alienation among psychologically vulnerable people. Cognition and Emotion, 35, 241-255. https://doi.org/10.1080/02699931.2020.1825337

Keune, P. M., Bernard, F., Meister, R., Keune, J., Springer, R., Arlt, R., Holmerevá, I., Auer, S., Oschmann, P., & Hansen, S. (2023). Mindfulness in persons with mild dementia and their caregivers: Exploring trait rumination as a clinical outcome measure. Mindfulness, 14, 1908–1917. https://doi.org/10.1007/s12671-023-02192-7

Khoury, B., Sharma, M., Rush, S. E., & Fournier, C. (2015). Mindfulness-based stress reduction for healthy individuals: A meta-analysis. Journal of Psychosomatic Research, 78(6),519-28. https//doi.org//10.1016/j.jpsychores.2015.03.009

Kienbaum, J. (Hrsg.) (2023). Die Entwicklung von Mitgefühl. Stuttgart: Kohlhammer.

Kiken, L. G., Garland, E. L., Bluth, K., Palsson, O. S., & Gaylord, S. A. (2015). From a state to a trait: Trajectories of state mindfulness in meditation during intervention predict changes in trait mindfulness. Personality and Individual Differences, 81, 41-46. https://doi.org/10.1016/j.paid.2014.12.044

Klimecki, O., Marchant, N. L., Lutz, A., Poisnel, G., Chételat, G., & Colette, F. (2019). The impact of meditation on healthy ageing- the current state of knowledge and a roadmap to future directions. Current Opinion in Psychology, 28, 223-228. https://doi.org/10.1016/j.copsyc.2019.01.006

Körner, A., Geyer, M., & Brähler, E. (2002). Das Neo-Fünf-Faktoren Inventart (NEO-FFI) – Validierung anhand einer deutschen Bevölkerungsstichprobe. Diagnostica, 48, 19-27. https://doi.org/10.1026/0012-1924.48.1.19

Korponay, C., Dentico, D., Kral, T. R. A., Ly, M., Kruis, A., Davis, K., Goldman, R., Lutz, A., & Davidson, R. J. (2019). The effect of mindfulness meditation on impulsivity and its neurobiological correlates in healthy adults. Scientific Reports, 19, 11963. https://doi.org/10.1038/s41598-019-47662-y

Koster, F., Heynekamp, J., & Norton, V. (2023). Mindful Communication. Speaking and Listening with Wisdom and Compassion. London: Routledge.

Langer, E., & Moldoveanu, M. (2000). The construct of mindfulness. Journal of Social Sciences, 56, 1-9. https://doi.org//10.1111/0022-4537.00148

Langer Primdahl, N. (2022). When the "mindfulness wars" enter the classroom: Making sense of the critique of school-based mindfulness. Oxford Review of Education, 48, 112-129. https://doi.org/10.1080/03054985.2021.1933407

Lau, M. A., Bishop, S. R., Segal, Z. V., Buis, T., Anderson, N. D., Carlson, L., Shapiro, S., Carmody, J., Abbey, S., & Devins, G. (2006). The Toronto Mindfulness Scale: development and validation. Journal of Clincial Psychology, 62(12), 1445-1467. https://doi.org//10.1002/jclp.20326

Lebuda, I., Zabelina, D. L., & Karwowski, M. (2016). Mind full of ideas: A meta-analysis of the mindfulness–creativity link. Personality and Individual Differences, 93, 22-26. https://doi.org/10.1016/j.paid.2015.09.040

Linderkamp, F., & Lüdeke, S. (2019). Metaanalyse zur Wirksamkeit achtsamkeitsbasierter Interventionen bei ADHS im Kindes- und Jugendalter. Kindheit und Entwicklung, 28(2), 85-95. https://doi.org/10.1026/0942-5403/a000278

Lymeus, F., Lindberg, P., & Hartig, T. (2018). Building mindfulness bottom-up. Meditation in natural settings supports open monitoring and attention restoration. Consciousness and Cognition, 59, 40-56. https://doi.org/10.1016/j.concog.2018.01.008

Lymeus, F., Lindberg, P., & Hartig, T. (2019). A natural meditation setting improves compliance with mindfulness training. Journal of Environmental Psychology, 64, 98-106. https://doi.org/10.1016/j.jenvp.2019.05.008

Liu, X., Wang, Q., & Zhou, Z. (2022). The association between mindfulness and resilience among university students: A meta-analysis. Sustainability, 14,10405. https://doi.org/10.3390/su141610405

Liu, F., Zhang, Z., Liu, S., & Feng, Z. (2022). Effectiveness of brief mindfulness intervention for college students' problematic smartphone use: The mediating role of self-control. PLoS ONE 17(12): e0279621. https://doi.org/10.1371/journal.pone.0279621

Matko, K., & Sedlmeier, P. (2019). What is meditation? Proposing an empirically derived classification system. Frontiers in Psychology, 10, 2276. https://doi.org/10.3389/fpsyg.2019.02276

Maurer, B., Mittermaier, R., & Neureuther, Ch. (2013). Kraftort Alpen. München: Reich Terra Magica.

Meppelink, R., de Bruin, E., Zoller, B. K., Oort, F., & Bögels, S. (2024). Child and parent mindfulness-based training versus medication for childhood ADHD. A randomized clinical trial. Mindfulness, 15, 295-309. https://doi.org/10.1007/s12671-024-02305-w

Mercado, D., Robinson, L., Gordon, G., Werthmann, J., Campbell, I. C., & Schmidt, U. (2021). The outcomes of mindfulness-based interventions for obesity and binge eating disorder: A meta-analysis of randomised controlled trials, Appetite, 166, 105464. https://doi.org/10.1016/j.appet.2021.105464

Michaelsen, M. M., Graser, J., Onescheit, M., Tuma, M. P., Werdecker, L., Pieper, D., & Esch, T. (2023). Mindfulness-based and mindfulness-informed interventions at the workplace: A systematic review and meta-regression analysis of RCTs. Mindfulness, 14, 1271–1304. https://doi.org/10.1007/s12671-023-02130-7

Michalak, J., Zarbock, G., Drews, M., Otto, D., Mertens, D., Ströhle, G., Schwinger, M., Dahme, B., & Heidenreich, T. (2016). Erfassung von Achtsamkeit mit der deutschen Version des Five Facet Mindfulness Questionnaires (FFMQ-D). Zeitschrift für Gesundheitspsychologie, 24(1), 1-12. https://doi.org/10.1026/0943-8149/a000149

Millett, G., D'Amico, D., Amestoy, M. E., Gryspeerdt, C., & Fiocco, A. J., (2021). Do group-based mindfulness meditation programs enhance executive functioning? A systematic review and meta-analysis of the evidence. Consciousness and Cognition, 95, 103195. https://doi.org/10.1016/j.concog.2021.103195

Mohammed, W. A., Pappous, A., & Sharma, D. (2018). Effect of mindfulness based stress reduction (MBSR) in increasing pain tolerance and improving the mental health of injured athletes. Frontiers in Psychology, 9, 722. https://www.frontiersin.org/articles/10.3389/fpsyg.2018.00722

Mumford, G. (2016). The mindful athlete: Secrets to peak performance. Ypsilanti: Parallx Press.

Montero-Marin, J., Allwood, M., Ball, S., Crane, C., de Wilde, K., Hinze, V., & Kuyken, W. (2022). School-based mindfulness training in early adolescence: What works, for whom and how in the MYRIAD trial? Evidence-Based Mental Health, 25, 117–124. https://doi.org/10.1136/ebmental-2022-300439

Neff, K. D. (2003). Self-compassion: An alternative conceptualization of a healthy attitude toward oneself. Self and Identity, 2, 85-102. https://doi.org/10.1080/15298860309032

Neff, K. D. (2022). Kraftvolles Selbstmitgefühl für Frauen: Klar für sich selbst einstehen, engagiert handeln. München: Kallash.

Niemiec, R. M. (2017). On Heartfulness. In M. A. White, G. R. Slemp, & A. S. Murray (Eds.), Future Directions in Well-Being (pp. 123-128). Springer International Publishing: Cham, Switzerland.

Nisbet, E. K., Zelenski, J. M., & Grandpierre, Z. (2019). Mindfulness in nature enhances connectedness and mood. Ecopsychology, 11, 81-91. https://doi.org/10.1089/eco.2018.0061

Oliver, R., & Bergers, C. (2023). Deep Listening. In F. Koster, J. Heynekamp, & V. Norton (Eds.), Mindful Communication. Speaking and Listening with Wisdom and Compassion (pp. 84-101). London: Routledge.

Oyler, D. L., Price-Blackshear, M. A., Pratscher, S. D., & Bettencourt, B. A. (2022). Mindfulness and intergroup bias: A systematic review. Group Processes & Intergroup Relations, 25(4), 1107–1138. https://doi.org/10.1177/1368430220978694

Pernet, C. R., Belov, N., Delorme, A., & Zammit, A. (2021). Mindfulness related changes in grey matter: A systematic review and meta-analysis. Brain Imaging and Behavior, 15, 2720-2730. https://doi.org//10.1007/s11682-021-00453-4

Pirson, M., Langer, E. J., Bodner T., & Zilcha S. (2012). The development and validation of the Langer Mindfulness Scale – Enabling a socio-cognitive perspective of mindfulness in organizational context. New York, NY: Fordham University Graduate School of Business Administration.

Portele, Ch., & Jansen, P. (2021). Achtsame Herzlichkeit im Kindergarten. Freiburg: Arbor.

Portele, C., & Jansen, P. (2023). The effects of a mindfulness-based training in an elementary school in Germany. Mindfulness, 14, 830-840. https://doi.org/10.1007/s12671-023-02084-w

Ptáček, M., Lugo, R. G., Steptoe, K., & Sütterlin, S. (2023). Effectiveness of the mindfulness-acceptance approach: A meta-analysis. International Journal of Sport and Exercise Psychology, 1-19. https://doi.org/10.1080/1612197X.2023.2180070

Purser, R. E. (2019). McMindfulness: How Mindfulness became the Neo Capitalist Spirituality. London: Repeater.

Rechtschaffen, D. (2016). Die achtsame Schule. Freiburg: Arbor.

Rechtschaffen, D. (2018). Die achtsame Schule-Praxisbuch. Freiburg: Arbor.

Regev, S., Goren, G., Slonim-Nevo, V., Schwartz, D., Friger, M., Sergienko, R., Greenberg, D., Monsonego, A., Nemirovsky, A., Odes, S., & Sarid, O. (2023). Effectiveness of cognitive-behavioral and mindfulness intervention in improving life satisfaction of patients with Crohn's Disease: Evaluating stress, interpersonal sensitivity, and social support as mechanisms of change. Mindfulness, 14, 2626–2640. https://doi.org/10.1007/s12671-023-02220-6

Richter, N., & Hunecke, M. (2022). Mindfulness, connectedness to nature, personal ecological norm and pro-environmental behavior: A daily diary study. Current Research in Ecological and Social Psychology, 3, 100038. https://doi.org/10.1016/j.cresp.2022.100038

Roemer, A., Cervin, M., Medvedeva, A., Bravo, A. J., & Medvedev, O. N. (2024). Big Five of Mindfulness and Personality: Cross-Cultural Network Analysis. Mindfulness, 15, 37–47. https://doi.org/10.1007/s12671-023-02293-3

Roeser, R. W., Greenberg, M. T., Frazier, T., Galla, B. M., Semenov, A. D., & Warren, M. T. (2023). Beyond all splits: Envisioning the next generation of science on mindfulness and compassion in schools for students. Mindfulness, 14, 239–254. https://doi.org/10.1007/s12671-022-02017-z

Rosenberg, M. B. (2016). Gewaltfreie Kommunikation. Eine Sprache des Lebens. Paderborn: Jungfernmann.

Rowland, Z., Wenzel, M., & Kubiak, T. (2020). A mind full of happiness: How mindfulness shapes affect dynamics in daily life. Emotion, 20(3), 436-451. https://doi.org/10.1037/emo0000562

Sala, M., Shankar, Ram, S., Vanzhula, I. A., & Levinson, C. A. (2020). Mindfulness and eating disorder psychopathology: A meta-analysis. International Journal of Eating Disorder, 53, 834–851. https://doi.org/10.1002/eat.23247

Salzberg, S. (2012). Metta Meditation. Buddhas revolutionärer Weg zum Glück. Freiburg: Arbor.

Sawyer, K. B., Thoroughgood, C. N., Stillwell, E. E., Duffy, M. K., Scott, K. L., & Adair, E. A. (2022). Being present and thankful: A multi-study investigation of mindfulness, gratitude, and employee helping behavior. Journal of Applied Psychology, 107(2), 240-262. https://doi.org/10.1037/apl0000903

Schindler, S., Pfattheicher, S., & Reinhard, M.-A. (2019). Potential negative consequences of mindfulness in the moral domain. European Journal of Social Psychology, 49, 1055-1069. https://doi.org/10.1002/ejsp.2570

Schmidt, S. (2014). Was ist Achtsamkeit: Herkunft, Praxis und Konzeption. Sucht, 60, 13-19. https://doi.org/10.1024/0939-5911.a000287

Schneider, S., Beege, M., Nebel, S., Schnaubert, L., & Rey, G. D. (2022). The cognitive-affective-social theory of learning in digital environments (CASTLE). Educational Psychology Review, 34, 1–38. https://doi.org/10.1007/s10648-021-09626-5

Sedlmeier, P. (2022). The psychology of meditation. Varieties, effects, theories and perspectives. Göttingen: Hogrefe.

Sedlmeier, P. (2023). What mindfulness, and for whom? And why might it work? Mindfulness. https://doi.org/10.1007/s12671-023-02218-0

Shankland, R., Tessier, D., Strub, L., Gauchet, A., & Baeyens, C. (2021). Improving mental health and well-being through informal mindfulness practices: An intervention study. Applied Psychology: Health and Well-Being, 13, 63-83. https://doi.org/10.1111/aphw.12216

Simonsson, O., Bazin, O., Fisher, S. D., & Goldberg, S. B., (2021). Effects of an eight-week, online mindfulness program on anxiety and depression in university students during COVID-19: A randomized controlled trial. Psychiatry Research, 305, 114222. https://doi.org/10.1016/j.psychres.2021.114222

Simonsson, O., Bergljottsdotter, C., Narayanan, J., Fisher, S., Bristow, J., Ormston, R., & Chambers, R. (2023). Mindfulness in politics: A qualitative study on mindfulness training in the UK parliament. Mindfulness, 14, 1362–1370. https://doi.org/10.1007/s12671-023-02156-x

Soga, M., & Gaston, K. J. (2022). Towards a unified understanding of human-nature interactions. Nature Sustainability, 5, 374-383. https://doi.org./10.1038/s41893-021-00818-z

Stöcker, C., Willms, J., Koster, F. & van den Brink, E. (2020). Mitgefühl üben: Das große Praxisbuch Mindfulness-Based Compassionate Living (MBCL). Heidelberg: Springer.

Swami, V., Andersen, N., & Furnham, A.(2021). A bibliometric review of self-compassion research: science mapping the literature, 1999 to 2020. Mindfulness, 12, 2117–2131. https://doi.org/10.1007/s12671-021-01662-0

Sun, S., Lin, D., Goldberg, S., Shen, Z., Chen, P., Qiao, S., Brewer, J., Loucks, E., & Operario, D. (2022). A mindfulness-based mobile health (mHealth) intervention among psychologically distressed university students in quarantine during the COVID-19 pandemic: A randomized controlled trial. Journal of Counseling Psychology, 69(2), 157–171. https://doi.org/10.1037/cou0000568

Sunim, H. (2019). Die schönen Dinge siehst du nur, wenn du langsam gehst. München: Goldmann.

Tan, Z. Y. A., Wong, S. H., Cheng, L. J., & Lau, S. T. (2022). Effectiveness of mobile-based mindfulness interventions in improving mindfulness skills and psychological outcomes for adults: A systematic review and meta-regression. Mindfulness, 13, 2379–2395. https://doi.org/10.1007/s12671-022-01962-z

Tanay, G., & Bernstein, A. (2013). State Mindfulness Scale (SMS): Development and initial validation. Psychological Assessment, 25, 1286. https://doi.org/10.1037/a0034044

Tang, Y.-Y. (2017). The neuroscience of mindfulness meditation: How the body and mind work together to change our behaviour. Abgerufen von https://link.springer.com/book/10.1007%2F978-3-319-46322-3

Tapper, K., & Seguias, L. (2020). The effects of mindful eating on food consumption over a half-day period. Appetite, 145, 104495. https://doi.org/10.1016/j.appet.2019.104495

Taylor, G. B., Vasquez, T. S., Kastrinos, A., Fisher, C. L., Puig, A., & Bylund, C. L. (2022). The adverse effects of meditation-interventions and mind-body practices: A sytematic review. Mindfulness, 13, 1839-1856. https://doi.org/10.1007/s12671-022-01915-6

Teasdale, J., Williams, M., Z., & Bedner, Ch. (2020). Das MBCT-Arbeitsbuch. Ein 8-Wochen Programm zur Selbstbefreiung von Depressionen und emotionalem Stress. Freiburg: Arbor.

Thích Nhất Hạnh (2019). Achtsam sprechen – achtsam zuhören: Die Kunst der bewussten Kommunikation. München: Knaur.

Tomhoff, M. (2017). Positive Psychologie. Heidelberg: Springer.

Treves, I. N., Tello, L. Y., Davidson, R. J., & Goldberg, S. B. (2019). The relationship between mindfulness and objective measures of body awareness: A meta-analysis. Scientific Reports, 9, 17386. https://doi.org/10.1038/s41598-019-53978-6

Van Dam, N. T., & Galante, J. (2023). Underestimating harm in mindfulness-based stress reduction. Psychological Medicine, 53(1), 292-294. https://doi.org/10.1017/s003329172000447x

Van Dam, N. T., van Vugt, M. K., Vago, D. R., Schmalzl, L., Saron, C. D., Olendzki, A., Meissner, T., Lazar, S. W., Kerr, C. E., Gorchov, J., Fox, K. C. R., Field, B. A., Britton, W. B., Brefczynski-Lewis, J. A., & Meyer, D. E. (2018). Mind the hype: A critical evaluation and prescriptive agenda for research on mindfulness and meditation. Perspectives on Psychological Science, 13(1), 36–61. https://doi.org/10.1177/1745691617709589

Van den Brink, E., & Koster, F. (2013). Mitfühlend leben. Mit Selbst-Mitgefühl und Achtsamkeit die seelische Gesundheit stärken. München: Kösel.

Van Gordon, W., Shonin, E., & Richardson, M. (2018). Mindfulness and nature. Mindfulness, 9, 1655-1658. https://doi.org/10.1007/s12671-018-0883-6

Verhaeghen, P. (2021). Mindfulness as attention training: Meta-analyses on the links between attention performance and mindfulness interventions, long term meditation practice, and trait mindfulness. Mindfulness, 12(6), 1-18. https://doi.org/10.1007/s12671-020-01532-1

Verhaeghen, P. (2023). Mindfulness and academic performance meta-analyses on interventions and correlations. Mindfulness, 14, 1305–1316. https://doi.org/10.1007/s12671-023-02138-z

Voci, A., Veneziani, C. A., & Fuochi, G. (2019). Relating mindfulness, heartfulness, and psychological well-being: The role of self-compassion and gratitude. Mindfulness, 10(2), 339–351. https://doi.org/10.1007/s12671-018-0978-0

Vonderlin, R., Biermann, M., Bohus, M., & Lyssenko, L. (2020). Mindfulness-based programs in the workplace: A meta-analysis of randomized controlled trials. Mindfulness, 11,1579–1598. https://doi.org/10.1007/s12671-020-01328-3

Wästlund, M., Salvesen, K. T., & Stige, S. H. (2023). Clients' experiences with a trauma-sensitive mindfulness and compassion group intervention: A first-person perspective on change and change mechanisms. Psychotherapy Research, 34(1), 81-95. https://doi.org/10.1080/10503307.2023.2170295

Wamsler, Ch., Osberg, G., Osika, W., Herndersson, H., & Mundaca, L. (2021). Linking internal and external transformation for sustainability and climate action: Towards a new research and policy agenda. Global Environmental Change, 71, 102373. https://doi.org/10.1016/j.gloenvcha.2021.102373

Weare, K. (2019). Mindfulness and contemplative approaches in education. Current Opinion in Psychology, 28, 321-326. https://doi.org/10.1016/j.copsyc.2019.06.001

Weare, K. (2023). Where have we been and where are we going with mindfulness in schools? Mindfulness, 14, 293-299. https://doi.org/10.1007/s12671-023-02086-8

Weiss, H., Harrer, M., & Dietz, T. (2019). Das Achtsamkeitsbuch. Stuttgart: Klett-Cotta.

Wenzel, M., Rowland, Z., & Kubiak, T. (2020). How mindfulness shapes the situational use of emotion regulation strategies in daily life. Cognition and Emotion, 34(7), 1408-1422. https://doi.org/10.1080/02699931.2020.1758632

Williams, M., & Penman, D. (2015). Das Achtsamkeitstraining. München: Goldmann.

Winkelmair, A., & Jansen, P. (2023). The positive impact of mindfulness interventions on explicit and implicit affective attitudes toward vegetarian foods. Frontiers in Psychology, 14, 1158410. https://doi.org/10.3389/fpsyg/2023.1158410

Wolf, T., & Strohschen, J.-H. (2018). Digitalisierung: Definition und Reife. Informatik Spektrum, 41, 56-64. https://doi.org/10.1007/s00287-017-1084-8

Wood, A. M. (2014). Gratitude. In A. C. Michalos (Ed.), Encyclopedia of Quality of Life and Well-Being Research (pp. 2609-2611). Dordrecht: Springer. https://doi.org/10.1007/978-94-007-0753-5_3313

Xiao, Q., Yue, C., He, W., & Yu, J. (2017). The Mindful Self: A mindfulness-enlightened self-view. Frontiers Psychology, 8, 1752. https://doi.org/10.3389/fpsyg.2017.01752

Yin, J., Yue, C., Song, Z., Sun, X., & Wen, X. (2023). The comparative effects of Tai chi versus non-mindful exercise on measures of anxiety, depression and general mental health: A systematic review and meta-analysis. Journal of Affective Disorders, 337, 202-214. https://doi.org/10.1016/j.jad.2023.05.037

## Wo sich welches Stichwort befindet

# Frag doch einfach!

Klare Antworten aus erster Hand

Die utb-Reihe „Frag doch einfach!“ beantwortet Fragen, die sich nicht nur Studierende stellen. Im Frage-Antwort-Stil geben Expert:innen kundig Auskunft und verraten alles Wissenswerte rund um das Thema. Die wichtigsten Fachbegriffe stellen sie zudem prägnant vor und verraten, welche Websites, YouTube-Videos und Bücher das Wissen vertiefen.
So lässt sich leicht in ein Thema einsteigen und über den Tellerrand schauen.

## Bisher sind erschienen:

Michael von Hauff
**Nachhaltigkeit für Deutschland? Frag doch einfach!**
2020, 190 Seiten
ISBN 978-3-8252-5435-3

Claudia Ossola-Haring
**Ein Start-up gründen? Frag doch einfach!**
2020, 238 Seiten
ISBN 978-3-8252-5436-0

Roman Simschek, Arie van Bennekum
**Agilität? Frag doch einfach!**
3. Auflage, 2023, 197 Seiten
ISBN 978-3-8252-6055-2

Martin Oppelt
**Demokratie? Frag doch einfach!**
2021, 202 Seiten
ISBN 978-3-8252-5446-9

Florian Kunze, Kilian Hampel, Sophia Zimmermann
**Homeoffice und mobiles Arbeiten? Frag doch einfach!**
2021, 190 Seiten
ISBN 978-3-8252-5664-7

Gerald Pilz
**Mobilität im 21. Jahrhundert? Frag doch einfach!**
2021, 230 Seiten
ISBN 978-3-8252-5662-3

Anke Brinkmann, Gabriele Dreilich, Christian Stadler
**Virtuelle Teams führen? Frag doch einfach!**
2022, 148 Seiten
ISBN 978-3-8252-5780-4

Andreas Koch
**Armut? Frag doch einfach!**
2022, 179 Seiten
ISBN 978-3-8252-5554-1

Barbara Schmidt
**Angst? Frag doch einfach!**
2022, 143 Seiten
ISBN 978-3-8252-5687-6

Fabian Kaiser, Arie van Bennekum
**Scrum? Frag doch einfach!**
2022, 134 Seiten
ISBN 978-3-8252-5974-7

Florian Spohr
**Lobbyismus? Frag doch einfach!**
2023, 199 Seiten
ISBN 978-3-8252-5688-3

Henrik Bispinck
**Friedliche Revolution und Wiedervereinigung? Frag doch einfach!**
2023, 185 Seiten
ISBN 978-3-8252-5445-2

Nassim Madjidian, Sara Wissmann
**Seenotrettung? Frag doch einfach!**
2023, 192 Seiten
ISBN 978-3-8252-6014-9

Arndt Sinn
**Organisierte Kriminalität? Frag doch einfach!**
2023, 204 Seiten
ISBN 978-3-8252-6100-9

Detlev Frick
**Big Data? Frag doch einfach!**
2023, 123 Seiten
ISBN 978-3-8252-5442-1

Annegret Braun
**Glück? Frag doch einfach!**
2023, 172 Seiten
ISBN 978-3-8252-6092-7

Jenny Amelingmeyer / Thomas B. Berger / Sven Seidenstricker
**Innovationsmanagement? Frag doch einfach!**
2024, 208 Seiten
ISBN 978-3-8252-6097-2

Matthias Kaufmann
**Ethik und Moral? Frag doch einfach!**
2024, 199 Seiten
ISBN 978-3-8252-5444-5

Seongcheol Kim
**Populismus? Frag doch einfach!**
2024, 139 Seiten
ISBN 978-3-8252-6104-7

Anna-Lisa Müller
**Migration? Frag doch einfach!**
2024, 169 Seiten
ISBN 978-3-8252-5694-4

Petra Jansen
**Achtsamkeit? Frag doch einfach!**
2024, 158 Seiten
ISBN 978-3-8252-6173-3